JN094281

本日の日本

石井竜也

ぴあ

第1章 だいぶ昔

BETWEEN 2011 AND 2012

第2章 昔

BETWEEN 2013 AND 2014

第3章 ちょい昔

BETWEEN 2015 AND 2016

第4章 最近

BETWEEN 2017 AND 2018

TATUYA ISHII
CONCERT TOUR 2021
OH!
ISHII LIVE

第5章　本日

BETWEEN 2019 AND 2021

はじめに

俺、思うんですけど、みんな変な〝未来病〟にかかってるんじゃないかなという気がするんです。

ここのところずっと、若いバンドも十分にキャリアを重ねたアーティストも、たくさんの方が未来についていろいろ歌ってますよね。そのほとんどは「未来をこの手につかむんだ！」とか「さあ、進もう。未来へ」とか、そういう感じです。でも、よくよく考えてみてください。未来というのは実はこうやって話している今もどんどん来てるわけですよ。というか、「来てるわけですよ」と言ったそのことも、すでに過去なんですよね。つまり、こちらから行かなくても、来てるんです。流れてる川に身を浸してるようなもんですよ。そこで自分が立ってようが倒れてようが、どうしていようと流れてるんです。その流れに逆らおうが、逆らわないでいようが、そんなことは関係ないんですよね。ずうっと、未来は来てるんですよ。

その一方で、「このままじゃ、私の未来はダメになる」とか勝手に自分で思い込んで、未来を憂いて変なことをしちゃう人も少なくないですよね。「未来がダメだと思うから、もう自分の人生はダメだ」みたいな。でも、わかんないじゃないですか。明日がどうなってるかなんて。そもそも、今グラッときたら、生きてるかどうかもわからないんだから。それだって、未来ということですからね。

そんなことを気にするよりも、今を大切にしたいなと思います。そして、過去にやってきたことで自分としては何か褒められることはないかなと考えるほうがいいと思うんです。「あれ、好きだったんだよね」とか「あれ、ホントにおいしかったな」とか、そういうことに気持ちを向けたほうがいいですよ。それだって、その人の立派な文化だと思うんですよね。文化というのは、その国の文化もあるし、地球という文化もあるけど、加えて個人、個人の文化というのもあると思うんです。そういう個人の文化を、もっともっと大切にしたほうがいいんじゃないかなあ。

過去のことは思い出せるじゃないですか。10年前、20年前のことを思い出してみると、〝2020年にはスマホみたいなものがあるだろう〟なんて考えてもいなかったですよね。5Gなんて言葉はもちろんありませんでした。携帯という漢字がカタカナになるとは思ってなかったし（笑）。昔の映画を見ると、「ケータイ（の電波）、入らねえ」とか言ってますよね。当時はそれもちょっと時代を先取りしたような感じだったりしましたけど、今はもう残念な感じしかないでしょ。未来って残酷だなあと思いますよね。

この本は、「週刊石井竜也」というタイトルでやってるメールマガジンから、この10年を振り返って、まとめたものです。言ってみれば、向こうからどんどんやって来ては過去になっていく未来を、俺の言葉でピン留めしていったような感じでしょうか。時々、いいこと言ってます（笑）。

というか、言いたい放題言ってるんですけど、そのなかでみんなに気がついてほしいのは、これを読んで「石井さん、またいい加減なこと言ってるなあ」とか思ってるその瞬間というのが、人の気持ちとしては一番平和な気持ちになっていられるときなんじゃないかなということなんですよ。「こんなこと言ったら、変態と思われる」「バカだと思われる」「年だねと言われちゃう」って、そんなことばかり気にして、自分の周りに自分で壁を作って、そこに座り込んじゃってるのが、今の日本人のような気がするんですよね。

もうちょっと自分を俯瞰《ふかん》してみるというか、もうちょっと自由な発想で自分と向き合うというか。そしたら、もうちょっと楽しくなるんじゃないかなあって。だって、どうしたって未来は来てるわけだから。未来を待ってるなんてことはそもそもあり得ないんですよ。

俺の歌のなかに夢とか希望という言葉はすごくたくさん出てきますよね。それははっきりとはつかめない、フワッとしたもので、それは未来でもあるんですよ。俺のなかで未来は「こうなってないといけない」「こうしないといけない」というものではないんです。むしろ、「未来はこうなってないといけない」という人生観にとらわれていると、とってもつまらない人生になってしまうから、「それはやめなさい」と言いたいんですよね。

どうしてそうなっちゃうんだろうと思うんですけど、結局そういう人は自分を見失ってしまってるから、「こうなってないといけない！」というような強い言葉に弱いんですよね。引っ張られちゃうんです。だから、ここでは俺もけっこう強い言葉で言ってるところもあります。俺の世界に引っ張り込もうとしてるんです（笑）。

でも、絶対悪いようにはしませんので。

〝調子のいいこと言ってるなあ〟とか思いながら、どうぞ楽しんでください。

石井竜也

第1章 だいぶ昔

BETWEEN 2011 AND 2012

〇月×日

俺もまだ確信があるわけじゃないけど、何もやらなかったら、それはホントにゼロですから

この1週間、東北の人たちの強さ、すごさをあらためて思い知らされる毎日でした。

例えば、自分の家族のなかにもまだ行方がわからない人間がいるのに近所の人たちのために炊き出しを手伝っているおばちゃん。それを見て、都会の人間は愛情深さみたいな言葉で称賛するわけだけど……。もちろん、愛が深い人なんだと思うんです。でも、それだけじゃないですよね。東北の人たちは、近所同士で普段から助け合っていないと厳しい冬を乗り越えられなかったりするし、そういう人と人とのつながりのなかで生きているから家族のことも心配だけど近所の炊き出しも大事っていう。そこには、都会の人間の理屈では計り知れない思いがあるし、そういう地域コミュニティーのなかで暮らしてきたからこそ助かったということが今回も方々であったと思います。それに、東北の人は辛抱強い人が多いからなかなかつらいとか苦しいとか言わないでしょ。だから余計に、「避難生活が続くと大変だなあ」とかボソッと話してるニュース映像なんか見ると、ホントに〝なんとかしなきゃ！〟と思うんです。

でも、何をやったらいいんでしょう？

正直に言って、俺もまだ確信があるわけじゃないんです。でもね、何もやらなかったら、

それはホントにゼロですから。何かをやることで次に進めるっていう部分もあると思うんですよね。で、まず「GROUND ANGEL」のHP内に「MIND from MIND」というBBSを立ち上げました。被災者の方々と支援者が心の言葉を交換し合える場が必要だと思ったんです。ウチのおふくろも、避難所で見ず知らずの若者から「大丈夫？」と声をかけられて、すごく力になったと言ってました。心の言葉がなによりのぬくもりになることがあるんですよね。

それから、GROUND ANGELで「MIND from MIND基金」を募るとともに、「MIND from MIND LIVE」を開催することにしました。

3月27日（日）Zepp大阪（当時）
3月31日（木）Zepp 名古屋
4月3日（日）広島NTTクレドホール

西日本の元気な力を送ろうということで、コンサート制作の仲間たちが協力してくれて、なんとか実現できます。今回だけは、「石井竜也のライブ」とか、そういうことは横においといて、ぜひ集まってください。一緒に助け合いましょう。一緒に、これからのことを考えましょう。よろしくお願いします。

3月27日、Zepp大阪に集まってくれたみなさん、本当にありがとうございました。

訴えたいものがたくさんあり過ぎて、最初はちょっと緊張してたと思います。ステージ自体は、本当に最低限度のシンプルな形でやりました。去年まで9年間、GROUND ANGELのコンサートをやってきた経験から〝こういうことはやれるだろう〟という目算みたいなものはあったんです。GROUND ANGELというのは、9・11の同時多発テロを目の当たりにして、自分がいかに平和ボケだったかということを思い知らされたし、戦争が始まってしまうんじゃないかという危機感もあったから、そういうなかで自分に何かできないだろうかと思って始めたことですが、今にして思うと、自分の人格をつくるべく設けられた場だったのかなあという気もします。GROUND ANGELを続けてくると、いろいろな問題で苦しんでいる人たちに実際に会ったりするなかで自分の甘さとかやってきたことの浅はかさとか、いろいろ気づくことがあるんです。で、そういう経験を重ねていくと、〝あの人がこれをやったのは、何かあの人のなかにあったんだろうな〟というふうに考えられるようになってきたんですよね。それは、自分でも変わったなあと思いますね。

いまだに、「石井竜也にこういうことは似合わない」なんていう話も聞きます。でも、いいんですよ。開き直るわけじゃないですが、これはとにかく、自分のなかでは、やらずにはいられないことをやってるだけですから。それに、今回のコンサートも、相当わがまま言ってるのは承知の上でお願いしたら、「いいよ、石井がやりたいんなら手伝うよ」と、スタッフもみんな手弁当でがんばってくれて。〝25年間、ミュージシャンをやってきて良かったなあ〟とあらためて感じさせてもらっています。

「MIND from MIND LIVE」をなんとかやりきることができました。大阪、名古屋、広島の会場に集まってくれたみなさん、本当にありがとうございました。

やっぱり、西のほうの人たちの感じ方とこっちにいる人間との間には温度差があったと思うんです。テレビの映像だけで見てると、人間って映画を見てるような感じになっちゃうじゃないですか。ドライに見てしまうようなところがありますから。だからこそ、ステージでは現場の状況を時系列に沿ってしっかり伝えていきました。そしたら、会場に集まってくれた人たちは泣いてましたよ。すごいショックを受けた人も多かったようだし、楽しいばかりのコンサートというわけでは決してなかったと思います。でも、本当の状況をみなさんにわかっていただくということが俺は大事だと思っていたので。当事者たちは、もっとすごい状況を目の当たりにしているし、身体で具体的な感触として感じてるわけですから。終演後は募金箱のところに立って、一人ひとりと握手してお礼を言ったんですけど、ちょっと複雑な気持ちにもなりました。責任重大だなあと思って。募金箱がいっぱいになるにつれて、自分の肩が重くなるのを感じてました。

ただ、3本やっていくなかでどんどん高まっていったのは、子どもたちに対する思いです。集まったお金は、子どもたちのために使えたらいいなあと思ってるんです。

俺は、芸術を通して子どもたちを癒やしたいし、芸術に取り組むことで人間性を回復してほしいと思うんですよ。それに、ああいう経験をした子どもたちは、いい方向に育てていってあげれば絶対すごいことをやる人間になると思うんです。普通に甘やかされて育った子たちとは違いますから。今回のことでなにがしかのコンプレックスを抱え込んだとしても、それをいい方向に流してあげれば、逆にそれが力になると思うんです。アーティスト性というのは、コンプレックスから成り立っているところも大きいでしょ。俺なんて、はっきり言って、コンプレックスだらけですよ。そういう実感があるからこそ、ああいう経験をした子どもたちはきっと強いと思うんです。そして、そういう強さをちゃんと生かしてあげることが本当の意味での強い教育だと俺は思ってるんです。なんだか夢みたいな話のように感じる方もいらっしゃるかもしれないですけど、俺は真剣ですよ。

3日間で約600万円集まりました。これに、コンサートの収益と、俺がそれぞれの公演で描いた絵をオークションに出品して売れれば、そのお金も足して、しかるべき基金に届けたいと思っています。そのあたりのことは、ホームページでちゃんと報告します。

○月×日

震災から2ヵ月たちました

相変わらず、なんだか不安定な天気が続いていますが、それでも差し込んでくる日の光の強さや空を流れる雲のようすに確かに夏が近づいてきているんだなあと感じたりします。「いよいよ復興が進む」みたいな報道も目にするようになってきましたが、福島に住んでるいとこの話を聞いていると、まだそんな段階ではないんじゃないかなあと思ったりもします。

それでなくても、この2ヵ月余りの間にいろんなことを考えました。もちろん、俺だけじゃないでしょう。日本人であれば、それぞれにいろいろなことを考えて、それぞれがそれぞれなりのことをした時間だったと思っています。

俺自身は、他人事《ひとごと》ではなかったから、すぐに行動を起こさずにはいられませんでした。実際、ちょっと焦ってしまったところもあるんです。それでも、いま振り返ってみると、すぐに動いて良かったなと思っています。「どこが良かった」「何が良くなかった」という以前に動くべきだったと思うし、自分自身、そこで動かずに止まっていたらおかしくなっていただろうし。だから、あのときの自分が素直にやらかしたことなんだろうなと思うし、そこにいいも悪いもないと思うんですよね。

今回起こったことについて日本人が多分一律に思ったことは、自然にはかなわないやということと、自分たちが受けとめることができない重さを持った事柄を自然も人間も時々やらかすんだなということじゃないでしょうか。この数十年間を経済至上主義と言っていいような考え方で突っ走ってきて、それで良かったことと駄目だったこと、その両方が今回のことではっきりしたのかなという気がします。そういう状況を前にして、これからどういうふうに生きていくのか。日本人は今すごく試されていますよね。少なくとも、俺はすごく試されているなと思っています。だから、これからもっともっといろんなことを考えるだろうと思うんですけど、どんなときでもこの2ヵ月間と同じように、自分の気持ちに素直に行動したいと思っています。

○月×日

「つよくいきよう」という曲をつくりました

新しい曲をつくりました。タイトルは、「つよくいきよう」。今日・6月1日からMIND from MINDのサイトで歌詞とメロディーを公開しています。

出来上がったばかりの曲をそういう形で公開したのは、この曲はみんなで歌うイメージで作ったからです。わかりやすい歌詞で、すぐに覚えて歌えるものがいいなって。1万人くらいの人の声を録音したいなと思ってるんです。そうしたら、そこにはなにがしかの意味が出てくるんじゃないかと思うんですよね。「つよく」という言葉も、1万人の声で「つよく」と歌うと、例えばただ軍事力を強くするんじゃなくて、一人ひとりの心を強くしましょうというような、そういう響きになるんじゃないかなって。

正直に言って、この歌がみんなにどれだけ納得していただけるか俺にはわからないです。でも、素直に今の自分の気持ちを書いたつもりです。だから、これがみんなにあてはまるのかと言われれば、そういうわけではないと思っています。ただ、この歌の最初から最後まで、一音一句どこにもあてはまらないとも思わないんです。どこか片隅の言葉がその人の人生観に合うことがあると思うし、歌はそういうものでいいと思うんです。

題名も、いろいろ考えました。英語とか使った、カッコつけた題名は良くなくて、見ただけで歌いたくなるような、元気が出るような、わかりやすい題名がいいだろうなって。みんなが疲弊しているし、みんなが救いを求めてるなかで、わかりやすく「もうちょっと自信持ってもいいんじゃないか」というような、そういう歌詞なり題名がいいと思ったんです。

思うんですけど、人を助けられるのはやっぱり情愛でしかないですよ。愛情じゃなくて情愛。で、歌というのは情愛の部分だと思うんです。愛情だったら、ひとりに向かって夜中に耳元で囁《ささや》けばいいんですよ。でも、歌というのはもっと広い意味で文化だし、その国のお国柄だし、そこに住んでる人々がいちばん深いところで考えてることに訴えかけられるものなんじゃないかと思います。

それから、この歌を聴く人、歌う人が、いろんなものを託していけばいいと思ったから、俺自身はこの歌にあまりいろんなものを求めないようにして作りました。〝こうなって、あなって、こうなるんだ〟みたいなことじゃなく、ただただ〝今の気持ちを書いたらこうなりました〟ということでいいなと思って。じつは、この曲は書くのにほとんど時間がかかってないんです。というか、時間をかけていません。あまり時間をかけちゃ駄目だと思ったんですよね。サビも「つよく」という言葉が出てきたから、それ以外は考えちゃ駄目だと思って。後から考えたことはいろいろ計算が入ってきちゃうから、それは良くないと思ったんです。いちばん最初のフレーズは、じつは亡くなった俺のおじさんが言った言葉なんですよ。「どんなものだって形あるものはみんな形はなくなるんだよ。遺跡だって、ちゃんとした形はないだろ。遺ってるとはいいつつも、残骸が遺ってるだけで」って。それは、俺の今の実感そのままだったので、使わせてもらいました。

6月27日のNHKホールのコンサートで、来てくれたみんなとこの曲を歌って録音するんですけど、いらっしゃる人はぜひ思いきり歌ってくださいね。歌がうまいとか下手だとか、声がガマガエルみたいだとか(笑)、そんなことは関係ないですから。歌というのは、形もないし色も見えなくて、ただ声と言葉だけで空気を震わせるわけですよね。そこには、いまの状況があって、それぞれの生活があって、それぞれが考えた強さや未来像があるはずで、それはつまり祈りに近いものだと思うんです。だから、その声は一人ひとり違っていて、いろんな個性があるから、それが集まって一緒に歌ってるということがわかるんですよ。歌は、自分なりに、その場でいちばん気持ちよく歌える調子で、歌えばいいと思うんです。それに、大勢集まって、声をそろえて一つの歌を歌うことで元気が出てくるということがありますから。声を出すということ自体、ある意味、自分の魂を解放するようなところがあるじゃないですか。だから、みんなで思いきり歌いましょう。俺も楽しみにしています。

○月×日

被災現場で目に映るものをすべてしっかり見てきます

7月2日にラジオ局の企画で宮城県石巻市の被災現場に行くことになりました。被災後の石巻に行くのは初めてです。本当はもっと早い時期に行くべきだったのかなとも思うんですが、そこでひどい状況を目の当たりにしてしまうと俺は歌どころか、すべてを止めてしまうんじゃないかという気がしたんですよ。自分の故郷も震災直後には行けなかったですから。

現場に出かけていって瓦礫《がれき》を撤去したりすること以外に、俺のやるべきことがあるはずだと思ったことは事実です。現地で力仕事をすることも大切だけど、時間がたつなかで忘れられてしまう哀しさや人に言えない深い心の傷みたいなものが残っていくこともあるだろうから、そういう人たちに対しては楽しいコンサートというものが生きてくるんじゃないかと考えて、ここまで行動してきました。

それでも、怖がってたなということは正直に認めないといけないと思います。現実を見てしまうと、夢をつくっていく人間としての気持ちがなえてしまって何もできなくなってしまうということが、俺の場合はありそうなんですよ。この年になれば、自分の精神力がどれほどのものかというのは自分がいちばんよくわかってますから。見ることが怖いという以上に、見たことによって自分が何もつくる気がしなくなるような精神状況に陥ってしまうことがいちばん怖かったんです。

そういうなかで今回の話をいただいて、あらためてすごく悩みました。そして、俺はやっぱり現実をちゃんと見なきゃいけないなという気持ちにやっとなりました。「つよくいきよう」みたいな歌を作って、たくさんの人に歌ってもらって、ある意味ではみんなをどんどん巻き込んでいってしまったところもあるから。多分これ以上はできないというところまでやったかなという実感があるからそういう気持ちになれた、というところもあるように思います。次はもう、現地へ行くしかないだろうということですよね。

ミュージシャンとして、あるいはものをつくる人間としてファンの人たちのことを考えれば、いつかは行くことになるだろうとは思っていましたが、今回いいきっかけをいただきました。石巻の現場では、目に映るものはとにかくすべてしっかり見てくるつもりです。ただ、現場を見ることで本当に何が起こったのかを理解しようと思っても、それはできないだろうという気がしています。それでも、知識や情報として自分が知っていることと現場の風景がリンクするようなことがいくつかあれば、そこでなにがしかの答えを得ることができるかもしれないとも思っています。

そして、8月28日に仙台での公演が決まりました。今回の石巻行きで感じたことを、そしてもちろん先のツアーで各地のファンのみなさんが俺に託してくれた熱い思いを胸に、とびきりのステージを披露するつもりです。

○月×日

「1万人の歌プロジェクト」が広がっています

6月27日のNHKホールに集まってくださったみなさん、ありがとうございました。みなさんが歌ってくれた「つよくいきよう」は、しかと録音させていただきました。

じつは、この「1万人の歌プロジェクト」は反響がすごく大きくて、当初はNHKホールだけの予定だったのが、大阪と名古屋でもコンサートに集まってくれた人たちと一緒に歌って録音しました。そういう大合唱のシーンをイメージして作った曲ですが、実際にその光景を目の当たりにすると、やっぱりブルッときましたよ。ステージ上からでも同じように口が動くのがちゃんと見えますから。それはもう、〝うれしい〟を通り越して感動しちゃったし、責任感みたいなものもあらためて感じました。コンサートに来てる人たちはただ楽しんでるわけではなくて、心のどこかに〝コンサート中に何か起こったらどうしよう〟とか、〝自分の会社が大変なんだけど……〟とか、そういうリアルな生活状況を抱えてたりするんですよね。それでも、ちょっとの間だけ忘れて楽しみたいなあという気持ちで来てたと思うんです。だから、歌ったときのエネルギーが全然違ってました。

うれしい報告があります。「1万人の歌プロジェクト」に俺の地元、北茨城市の小中高の生徒3000人余りが協力してくれることになりました。すでに、各校でそれぞれに「つよくいきよう」の練習を始めているそうで、準備が整えばウチのスタッフが出かけていって、みんなの歌声を録音します。そのなかには養護学校の生徒さんもいて、先生のお話によると、この歌の練習をすごく励みにしてくれてるらしいんです。彼らは、社会のなかで弱者と見なされているような場所に追いやられてしまってるわけですよね。そういう彼らにとっては、強く生きていくということがきれいごとではなくて、リアルな問題として、自分たちのこれからの生き方だということがどこかでわかってるんだと思いますよ。だから、気持ちも入るんだろうし、その一生懸命に歌ってる声というのは、それだけで神聖な気がしますよね。

それから、歌はたくさんの人に歌ってもらうことで育つと言いますよね。本当にそうだと思うし、「つよくいきよう」という歌がいろんな人に歌ってもらうなかでどんどん育っていってほしいと思います。この歌のシンプルなつくりは育っていきやすいタイプなんじゃないかなという気がするし。

ちょっと、親ばかっぽいですかね（笑）。

○月×日

被災現場で実際に見たこと、感じたこと

宮城県石巻市の被災現場に行ってきました。俺が行ったのは、石巻の渡波小学校というと

ころで、そこの体育館にはまだ200人以上の人が生活していらっしゃいました。

何を歌うかはかなり考えたんですけど、鎮魂歌的な意味合いもあるので「はなひとひら」は歌いたいな、と。それから、みんなが知ってる歌がいいだろうと思って「浪漫飛行」とか。最後に「つよくいきよう」を歌ったら、一緒に歌ってくれてました。口コミか何かで、あの歌のことは知っててくれたみたいです。うれしかったなあ。俺としては、もうそのことだけで、〝本望です〟という感じだったんですけど……。

なかなか難しいなと思ったのは、市街地の被害はそれほど大したことはないんです。大変なのは沿岸部で、しかもその沿岸部のなかでもひどくやられてしまってるところとそれほどでもないところが波の具合に沿って全然違う風景になっちゃってるんですよ。だから、一つひとつの町で悲劇の種類が違うんです。政治に早く気づいてほしいのは、そのことですね。

それから、小学校に行く途中に見た光景が忘れられません。遺体が土葬されたところをクルマでずうっと走っていったんですけど、所々に生花が手向けてあったりして、そういう風景が相当長い間続くんです。俺は言葉をなくしてました。虚無感というか……、悲しみなんていう生易しい言葉では言い表せないすさまじいものがありました。

その一方で、いま考えてもほっとする光景が頭の中に浮かびます。俺が行った小学校に避難されている人たちのなかには子どもが三十数人いるという話を先に聞いていたんで、その数だけシャボン玉を買って持って行ったんです。親子で一緒になって楽しめるし、子どもたちがそろってフーッてやってたら、夕焼け時なんかきれいだろうなと思って。その一瞬の美しさというのは花火みたいな感じもあるけど、花火よりはずっと優しい感じがするでしょ。俺自身は残念ながら夕焼けのなかで避難所の子どもたちがシャボン玉を吹いているところは見られませんでしたが、でも頭の中ではリアルにその光景を思い浮かべることができます。

○月×日

「MOONLIGHT ORCHESTRA」ツアー

「MOONLIGHT ORCHESTRA ～ TATUYA ISHII CONCERT TOUR 2011～」が今週の土曜日から始まります。

このツアーは、去年25周年のスペシャルライブをやって、その次に石井竜也がどこに向かうのかというのを披露するツアーです。だから、地震が起こるまでは、ちょっとドスの利いた感じのステージにしようと思ってました。いぶし銀のような、ちょっとくすんだ感じに輝いているような方向に行きたいなと思ってたんですが、今は清々しい曲を中心に歌いたいなあと思っています。俺自身、声が自然に伸びていくような曲を歌いたいんです。その気持ちに素直になるのがいちばんいいなと思って。人間としての石井竜也が今何を歌いたいのか、何を聴きたいのかということを素直に表現するのがいいと思うんですよね。それが、石井竜也が25周年の次に向かうべき方向性でもあるようにも思うし。

きっとすてきな時間を届けられると思います。

今回のツアーを通して再確認したことがあります。コンサートでは、みんなで一緒に踊ったりコール&レスポンスの形で人の気持ちを通じさせたりしようとするのも楽しいですが、歌が本来的に持っている意味とか歌本来のパワーが人間を近づけて気持ちを一つにしたり温かい気持ちにさせたりすることも確かにあるんですよね。そういう歌自体が持っているパワーは本当に大切だなあと、今回のツアーですごく思いました。実際、俺とファンとの距離がグワーンと近くなっていくような化学反応が起こっている気がしてなりませんでした。そういうコンサートをやるには、俺が狂言回しになって「イエーッ、盛り上がれ!」みたいな調子であおるんじゃなくて、曲自体が持ってる優しさや包み込むような感覚を生かすようにするのが大事なんじゃないかなって。デビュー25年目にして〝勉強になりました!〟という感じです。

○月×日

52歳になっちゃいました

これは、まあ、知ってる人は誰でも知ってるんですけど。先週の22日で、52歳になっちゃいました。さすがに、〝ワ~イ、誕生日だ!〟みたいな感じはもうなくて、そういう騒いで楽しむ日というよりは家族とか自分の身の回りの大切な存在をひとりの人間としてあらためて意識する、わりと静かな日になってきました。若い頃は〝年とるのは嫌だな〟と思ってましたけど、今から考えると、俺がそういうふうに思ってたのは30歳くらいまでだったですかね。年を重ねるなかで感じ方が変わってきて、〝いろんなものが変わっていくのが当たり前〟ということが受け入れられるようになったし、最近ではそういう自分の変化を面白がってるところもあるんです。

コンサートでのファンに対する意識もずいぶん変わったような気がします。前は歌うのに必死で、とにかくやんちゃにやってるだけだったんですけど、長くやってるとだんだんお客さん一人ひとりの顔が見えてきて、泣いてるお客さんを見つけると、そのお客さんに感情移入ができるようになってきたんですよね。お客さんの人生がわかるようになってきたというか。だから、年をとるのも悪くないというか。あっ、でも、お客さんからキャーキャー言われるのが大好きっていうのは変わってませんので。

○月×日

10年目のGROUND ANGEL

２０１１年という、おそらくは一生忘れないであろう年の活動の締めくくりがＧＲＯＵＮＤ ＡＮＧＥＬになるというのは、なんだかちょっと感慨深いです。しかも今年は10周年という節目の年です。

　そういう年に行うGROUND ANGELのマークはどんなのにしようかって、すごぉく考えました。このマークは毎年違ってて、〇《マル》の中に地球が入ったり子どもの天使が入ったりして、でも〇《マル》はずっと変わらなかったんですが、それを今年は×《バツ》にしました。それは10周年の「十」にもなるし、見る人によっては十字架にも見えるだろうし、X線の「X」にもなるっていう。人間がやっちゃいけないことをいっぱいやってましたよね。そういうことを反省しようぜという思いも込もってたりして、そういう気持ちの全部がここに集約されています。10周年目にして〇《マル》じゃなかったっていうのが、なんだか寂しいような気にもなるんですけど……。でも、いまの世の中には×《バツ》を付けたくなるようなことがいろいろありますから。

　そこに「Angel Rays」という言葉が付くんですが、〝Rays〟という言葉には一筋の光という意味があって、つまりは聖なる光を意味してる言葉です。その言葉を〝X-ray〟というふうに使ったこと自体が本当はものすごい冒涜《ぼうとく》なんですよ。「Angel Rays」というのは、天使が放つ光ということであって、それは細い光ではあるけれど、逆にそこに希望を見いだそうということなんですよね。ただ、その後ろに×《バツ》が付いてるから、逆にいろんなことを考えさせるわけですけど。でも、まあ、マークというのはそういうものですから。

　正直に言って、ここまで続けてくると残念に思ったり悲しい思いをしたりすることもあります。10年やってきて思うのは、そう簡単に人が変わるということはないんだよなということです。そんなに器用じゃないし、それはみんなが悪いわけじゃないとも思うんです。普段の暮らしがそういうことから離れているから実感として感じられないだけで、感じることがあればみんな反応しますよ。俺がやっていることは、そういう人たちに向けた一つの〝提示〟だと思っているし、提示することこそ意義があると思っています。

○月×日

2012年の「あけましておめでとうございます」

あけましておめでとうございます。今年もよろしくお願いします。

さて、みなさんはお正月をいかがお過ごしですか。やっぱり寝正月ですかね。俺は性格上、なかなかそんなふうには過ごせないんですけど、去年はいろんな意味で大変だったから正月くらいはのんびり過ごしたいよねえっていうのが人情だと思います。

ただ、ちょっと気になることがあるんですよ。いろんな報道やテレビを見ていると、考えなきゃいけないことがあるのに、それを表面的な楽しさで曖昧にしてしまうような感じはないですか。正月から地味に考えごとをしろとか、言ってるんじゃないんですよ。でも、去年あったことを一生懸命忘れさせようとしているように感じるんです。俺だけかなあ。

そもそも日本人というのは年が改まると前の年のことは良くも悪くもきれいに忘れてしまう傾向がありますよね。でも、〝少なくとも、俺は忘れないぜ〟と思うんです。東北の寒さのなかで、今も復興作業に取り組んだり、あるいは原発の作業に携わっていらっしゃったりする方がいます。そういう現実に対して、俺も含め、ほとんどのみなさんは無力ですよね。その無力な人間ができることは何かというと、忘れないということなんです。俺たちが忘れなければ、支援も続くし、何かのタイミングでまた新しい形が生まれていくんですよ。

正直な話、被災地と特に関係がないような人にしてみれば、〝ここまで心配したんだから、もういいじゃん〟みたいな気持ちになる人もいると思うんです。でも事実として、阪神淡路大震災のときも震災から3年くらいたって自殺者が多くなっていったんですよね。被災された方が、時間がたって落ち着いて、あたりを見渡してみると誰もいなかったっていう。で、世の中の人の視線も気持ちも面白おかしいことに向かっちゃってることに気づくと、気持ちの行き場がなくなって自分を責めたりするんだと思うんです。だから俺は忘れないで、被災地の方がそういうふうになったときに寄り添えるような曲を作ったり、寄り添えるような活動をしたりしていきたいなと思うんですよ。他にあまり言葉が思いつかないから、ついつい「寄り添う」という言葉を使っちゃうんですが、要は人の身になるということが大事だと思うんです。そのためにも、やっぱり東日本大震災でどういうことが起こって、それは今もどういう状況にあるのかということを決して忘れない。新しい1年の始まりに、あらためてそのことはみなさんと確認したいと思います。

で、俺らが10代、20代の頃は、「正月からそんなカタいこと言ってると、人に嫌われるゾ」みたいに言われちゃってましたよね。俺自身もそんなふうに言ってたし、そういうなかで育ってきちゃいましたけど、これはカタいことではなくて、まともなことですよね。俺みたいな半端なヤツが言う話ではないのかもしれないけど、逆に言えば、こんなヤツでもそういうふうに考えるのが今という時代なんだということだと思います。

○月×日

地元の大津小学校に行って6年生の子どもたちと曲をつくりました

1月に、TV番組の企画で、俺の地元の大津小学校の6年生の生徒たちと過ごす時間を持ちました。当初は子どもたちにそれぞれの「顔魂」を作ってもらおうと考えてて、それは個性というか、一人ひとりみんな違うんだよということ、オリジナリティーということをみんなに教えたいなと思ってたんです。でも、実際に出かけていって子どもたちと接してみると、そういう感じじゃないというか、それどころじゃないんですよね。

まず、放射能の問題は今も続いていて、そのことは子どもたちも6年生だからよくわかってますよね。だって、毎日30分かけて学校に通ってるのに、校庭で遊ぶ時間は限られるってどういうことなんだろう？　と子どもたちは思いますよ。いろんなことが矛盾だらけで、「誰かはっきり説明してよ！」という気持ちだと思うんです。

それから、去年の3月11日のことを話し始めると、みんな固く口をつぐんじゃうような感じだったんです。それで、俺はみんながあの日感じたことを言葉にして、それをもとにみんなで歌を作ることにしたんですけど、やっぱりみんな話さないんですよ。だから、〝これは一人ひとりと話すしかないな〟と思って。みんなの前だと、〝みんなが我慢してるのに、自分だけ話すのは……〟みたいな感じになるので。あんなふうに貝が殻を閉ざすみたいにして生きてたら、大人だっておかしくなっちゃいますよ。

先生方はびっくりしてました。子どもたちのほうから言ってこない限りは忘れさせたいっていう、先生方のお考えも大人としては当たり前だと思うし、その子どもたちの親の立場になって考えてみても、〝できるだけあの日のことを忘れさせるために言わないようにしよう〟と考えるかもしれない。

でも、それは逆効果かもしれないとも思うんです。俺は「怖かったよなあ」と言えちゃったほうが楽になるんじゃないかなあと思ったし、1回は思い切り泣かせてあげたほうが、「怖かった！」と言わせたほうが、子どものためにはなるかもしれないですよね。

一人ずつの対話のなかでは、怖かったことばかり話しててもしょうがないので、「これから何になりたいの？」みたいに、夢の話とか未来の話もしました。そのなかで、彼らは「お父さんケガしちゃいました」「家が流されちゃいました」みたいなことを瞳ウルウルさせながら言うわけですよ。そうやって、33人と話し終わったときには、俺は33枚の濡れた布団を頭の上からかぶせられたような圧迫感に襲われてました。だから、とてもじゃないけど、そこでジャランジャランとギターをかき鳴らして歌はつくれないなと思いましたよね。この子たちに失礼だって。それで「ゴメンネ。みんなの気持ちを聞いたら、ちゃんと時間かけてつくらないといけないと思ったんで、みんなの気持ちを家に持って帰ってつくってきます」という話をして1ヵ月ほど待ってもらうことにしたんです。

曲は何曲かつくりました。変に弾けてるのもおかしいし、かと言って悲しい曲をつくっていたずらに子どもたちを悲しませてもしょうがないし。みんなが力を感じて、そこに感動がある歌がいいなと思ってつくりました。そこに、子どもたちが書いてくれたノートから言葉を拾って1番の歌詞をつくり、2番の歌詞は出来上がったメロディーを子どもたちに聴かせていっしょに話し合いながらつくりました。歌詞としてまとめなきゃいけないから「てにをは」は調整してますけど、ほぼ子どもたちの言葉だと言っていいです。ホント、6年生の言葉じゃないですよ。感心もしたけど、同時に何かすさまじいものも感じてしまいます。〝子どもがこういう言葉を書くんだ、そんなに大人にならなくていいのに〟って。いたたまれない感じがして。でも現場では「みんながこういうふうに深く物事を考えられていれば、戦争なんかも起きないし、バカなヤツらは出てこないはずだよね」と言ってあげたんですけど。

それにしても、田舎の小さな町で育った女の子の口から「世界の絆」という言葉が出ちゃうという、その子どもの可能性の大きさというものには本当にヤラれました。俺も、頭の中のどこかで〝子どもなら、これくらいのことだろう〟と思ってたようなところがあったと思うんです。でも、放送をご覧になった方は、その言葉を聞いたときの俺の表情を見たと思いますが、あのときの俺にはいままで見たことがなかったものを見せられたような驚きがありましたよね。本当に、子どもはすごいと思いました。

○月×日

「MIND from MIND LIVE」で集まったお金の送り先を報告します

「GROUND ANGEL〜MIND from MIND〜」の復興支援基金には、3000万円を超える額のお金が寄せられました。そのお金は、本当にみんなの善意で集まったお金ですから、1円たりとも無駄にはできません。だから、例えば「名の通った大きな団体だから大丈夫だろう」というような大雑把《ざっぱ》な話ではなく、苦しんでいる子どもたちや傷ついている人たちにきちんと届くところを俺の責任においてしっかり見極めようと思って、いろいろ検討してきました。そして、震災から1年を過ぎた今の時点でも、支援を必要としている方々が本当にたくさんいらっしゃるわけですが、俺としては以下にご紹介する三つのところにお金を出させていただくことにしました。

一つめはフォトジャーナリストの広河隆一さんが中心になって進めている「沖縄・希望21(仮)」というプロジェクトです。広河さんはチェルノブイリの事故をずっと追い続けていますが、そのなかで避難民や高濃度汚染地域に住む子どもたちの保養のための施設「希望21」を建設・運営支援しています。その経験を踏まえ、福島の子どもたちの保養施設建設を呼びかけたのが「沖縄・希望21(仮)」で、その名の通り、沖縄にその保養施設を建設すべく、話を進めています。福島の線量が高い地域にはまだ子どもたちがいますが、汚染されていない、彼らを温かく迎えてくれる場所で一定期間静養し、いいものを食べて身体の抵抗力をつければ回復します。沖縄の温暖な気候と豊かな自然のなかで過ごせば、精神的なストレスも解消されるでしょう。

それから、北茨城市が今、本当にかわいそうな状況になっているんです。というのは、福島県までの東北3県と違って、茨城県は関東圏ということで補償などの対策がまったくない状況なんですよ。ちょっとクルマで走ればすぐに福島県という地域で、状況も福島と変わらないのに。だから、自分の故郷ということを抜きにして客観的に見ても、これはかわいそう過ぎると思って、それでお金を出させていただくことにしました。

三つめは、あしなが育英会がレインボーハウスという、子どもの遊び場のような、寄り合い所のような施設を作って、同じ経験をした、つまりお父さんやお母さんを亡くしたりした子どもたちが集まれるようにするということなんです。東北の人たちは、もともとコミューンで生きているから集まるのが好きだし、そういう場所ができるのはすごくいいんじゃないかなあと思って、その取り組みにもお金を出させていただくことにしました。

さらに具体的なことが判明したら随時お知らせしていきますが、まずは第一報ということでご報告させていただきました。

「MIND from MIND基金」の寄付先は三つとも、まず子どもを助けるという主旨のものになりました。スタッフから指摘されて気がついたくらいで、俺自身は〝とにかく子どもを〟みたいに考えているわけでもないんです。ただ、震災の現場を見ていると、子どもに助けられていることがすごく多いんですよね。子どもは、どんなにつらい状況でも遊びを忘れませんから、何かして遊んでるし、それでキャッキャッと笑ってる。そういう姿を見て、大人が元気づけられる。だから、みんなが心穏やかに気持ち良く暮らせるようにするには、子どもが元気で笑って暮らせるようにすることがいちばん大事なんじゃないかと思うんです。

それに、この震災であったこと、震災の後に起こったことのすべてが悪かったとは考えたくないんです。それじゃあ、死んでいった人たちがかわいそう過ぎる。やっぱり、ここから何かを学ぶべきだし、学べるはずだと思うんですけど、それはもしかしたら子どもたちから教えられるのかもしれない、子どもたちから学べることがある、と大人は思うべきなんじゃないでしょうか。

子どもを亡くした大人の人たちもたくさんいらっしゃるわけですが、その痛みをわかって支援するとは言っても、それはなかなか難しいように思うんです。とりあえず、それはお金じゃないでしょう。それこそ歌をつくったりして、空気のようなもので包んであげるとか、そういうことしかないんじゃないかなあ。だから、物理的な支援は子どもたちに集中させるということでいいんじゃないかと思うんです。子どもたちには〝これから〟があるんだから、ちゃんと守ってあげて新しい時代を切り開いていける状況にしないと、先人たちにも、犠牲になっていった人たちにも申し訳ない。ただ、そこで言う「子どもをちゃんと守る」とは、怖い思いをさせない、危険にさらさないということだけではないだろうとも思っています。

子どもを守るということはイコールしつけということなんじゃないでしょうか。〝しつけ〟というのは、着物の〝仕付け〟から来ている言葉らしいですね。バラバラなものを引っ付けて着物に仕上げることを仕付けというわけですが、それと同じく社会に求められるように人をちゃんとしつけないといけない。それには、小さい頃からの教育がとても大切です。ただ、その教育とはいわゆる学力をつけるということではなく、集中力を高めるとか、夢中になれるものをみつけるとか、そういうことが大事なんじゃないかとすごく思います。

子どもは夢中になれるものをみつける。大人はそれをバックアップする。そういう関係が社会ということなんじゃないかなと思うし、子どもが夢中になれるものをみつけるまでの道のりをサポートしてあげるのが大人としてのマナーのような気がします。結局、教育というのは、社会人としてのマナーを教えるっていうことなんじゃないですかね。

○月×日

米米CLUB「天然～NATURAL～」ツアー

明日・4月5日からいよいよ米米CLUBの全国ツアー〝A KOME KOME CLUB ENTERTAINMENT 2012 米米倶楽部熱烈巡回公演「天然～NATURAL～」〟が始まります。

自分で考えといて言うのもナンですが、「天然」という文字は、達筆な人がどんなに立派に書いても、なんだかクスッとしちゃう感じがありますよねえ。もともと、〝Natural〟というタイトルにしようとは思ってたんです。で、それを漢字でも表記した形にしたいなあと思って考えてて、この言葉が出てきたんですけど。天然。いいですよねえ。なんか、平和だなあって思います。もちろん、実際にはそんなのんきなことは言っていられない状況があることはよぉく承知してますよ。だからこその〝天然〟ということでもあるんです。

今回は、米米CLUBが持っている、本当の意味での毒の部分を感じてもらえるステージになるんじゃないかと思っています。俺自身は、米米としてまた活動するようになって、以前と同じようにというか、それ以上に面白がってやってるんですけど、その一方で米米が本来持っている神経質なくらいアイロニカルな感じというのがちょっと足りないかなあというふうにも思ってたんです。だから、今回のツアーではそのあたりも意識して内容を考えました。というと、ファンのみなさんは〝あの曲をやるのかな？〟〝ああいう展開かな？〟と昔のことを思い出したりする方もいらっしゃるでしょうが、そういう予想はことごとく裏切られると思います（笑）。〝ええっ、そう来るのぉ!!〟みたいな感じになりますよ、きっと。そういうの、みなさんも嫌いじゃないでしょ（笑）。

メンバーのみんなは、2年半ぶりのツアーということで、あらためて新鮮な感覚でいるみたいです。いい意味での緊張感みたいなものがあって、だから今回のツアーはいつにも増していねいな演奏になるんじゃないですかね。米米のステージにていねいな演奏、ってちょっとピンとこないかもしれないですけど、じつはバカなことをやるほうがより内容を練らなきゃいけないし、その練った内容をしっかり表現するためにはていねいさが必要なんですよね。今回のツアーでも、ホントにくだらないこと、わけのわからないことを一生懸命シリアスに、ていねいにやると思います。それを、思い切り笑っていただければいいと思うんですよね。

ただ、全国をまわって東京に戻ってくる頃には、内容が全取っ替えになってるかもしれません（笑）。なにせ、「天然」ですから。まあ、いろんな意味での緊張感もはらみつつ、しかしお客さんにはたっぷり楽しんでいただけるステージになると思います。

○月×日

ミニアルバム『HEARTS VOICES』をリリースします

米米CLUBのツアーが無事に終了しました。来てくださったみなさん、ありがとうございました。俺自身、〝天然〟エネルギーが沸き立ってて（笑）、「カモン！　サマー！」てな感じなんですが、その前にこの1年の間に作った曲をまとめることもやっておかないといけないなという気になり、6月20日に9曲入りのミニアルバム『HEARTS VOICES』としてリリースすることにしました。

もともとは、この時期にアルバムを出すことを前提に夏とか海をモチーフにした曲を作りためてたんですけど、実際にレコーディングに入る段階であらためて考えたときに、まず「つよくいきよう」や「世界の絆～命にありがとう～」はぜひ入れたかったたし、となるとそういう曲が浮かないいような構成にしないといけない。しかも、震災後の人たちの気持ちに寄り添うような内容の作品にしたいという気持ちが俺のなかにはっきりあって、でもそれはすごくデリケートなことでもあるから、いつにも増して曲のラインナップやアレンジについて考えたんですが、この作品のプロデュースとほとんどの曲のアレンジをお願いした中崎英也さんの、プロの仕事ぶりには大いに助けられました。震災に関わることにはちゃんと客観的になれない自分がどうしてもいるんですけど、長く聴くものをつくるわけですから、そこではいい意味で第三者的な判断が絶対に必要なんですよね。中崎さんはそういうことがすごくわかってる人だから、曲ごとのテーマを大切にしつつ全体のバランスを考えてくれて、すごく味わい深い内容になりました。

アルバムのタイトルについては、「HEARTS VOICE ROMANCE」というツアーを一昨年にやってて、よく考えてみると〝HEARTS VOICE〟という言葉はいいなと思ったんです。HEARTS VOICE＝心の声というか、耳には聞こえない声が東北にはいっぱいあるじゃないですか。それに、東北だけじゃなく、例えば東京に住んでいる人だって言えないことがいっぱいあると思うんです。〝VOICES〟と複数形にしたのは、俺の声だけじゃなく子どもたちの声も入っているし、震災のことを歌った曲にはひょっとしたら天に昇った人たちに書かされてるんじゃないかなと思うような歌詞もあったりして、そういうことも考えると、このアルバムにはいろんな声が入ってるな、と。しかもそれは、聞こえる声だけじゃなくて、その向こう側にある声というものも確かに含まれていると思ったからです。結果、聴いてくれる一人ひとりの人にとって、〝これは、わたしの声でもあるな〟と思えるような作品に仕上がったと思っています。

じつは、このところちょっと疲れてる自分を感じることがあるんです。でも、それも当たり前だなとも思ってて。というのもこの1年間ずっと走り続けてきて、いろんな人を巻き込んである程度責任を感じているし、だからこそ本当にいろんなことをやってきたし、いろんな人に会いました。そのなかで、お金のことに関して最初のシーズンが終わって次のシーズンに入ったような感じもあり、だからこの1年間ずっと背負ってたものの重みをあらためて実感した感じなんですよ。革ジャンみたいな感じですよね。着てる分にはそんなに重く感じないんだけど、片手でブラ下げてみると重いなあと思うっていう。それと同じで、ここまで背負ってたものも下ろしてみると、こんなに重いものだったんだ、みたいな。逆に言えば、今回のアルバムの制作を通して、俺自身がこの1年のことをようやく振り返るようになったということなのかもしれません。俺にとっても、本当に大切な1枚になる気がしています。

○月×日

とにかく今は突っ走るだけ、と思ってやってます

「HEARTS VOICE LOVERS」ツアーも、今度の日曜日・5日の東京公演を残すのみとなりましたが、今年はFC限定の「OH! ISHII LIVE」ツアーに始まって、春の米米CLUBのツアー、そして今回のツアー、さらに9月からは「MOONLIGHT DANCE PARTY」ツアーも決定しています。その間をぬって2枚のアルバムをリリースするわけで、はっきり言ってすごいでしょ。だって俺、もう死にそうですもん(笑)。この間、人間ドックに行ってきちゃいました。それはともかくとして、今年は意識的にブイブイ飛ばしてるんです。去年はどうしてもチャリティーの部分がすごく

多くなってしまいましたから、今年は自分に立ち返るための表現の場をもっともっと作らないといけないなと思ったんです。石井竜也というアーティストの可能性をとことん追求してやろうと思って。今年はとにかくハチャメチャにやってみようということなんですよね。
それに、去年1年間チャリティーをやった上での実感として「いつまでも後ろを向いててもしょうがない」というのが俺の結論なんですよ。後ろ向いてても津波で亡くなった方は帰ってきてくれないから、そのことは頭と心の隅にしっかりと残しつつ、前を向いて復興のことを考えたほうがいい。俺はステージに立って歌うし、銀行員は銀行で一生懸命働くし、商売をやってる人はその商売を一生懸命やればいいと思うんです。それがきっと復興ということなんですよ。だから、俺は人の前で歌を歌って、いろんな表現をする、と。その場をいっぱいつくって、作品もいっぱいつくって、同時に〝自分の歌詞で歌うんだ〟みたいな枠も全部取り払って、いいと思ったもの、感動したものはとにかく歌ってみようっていう。そういうことも含め、今年は表現者としての自分をあらためて見つめ直すタイミングかなという感じがすごくあるんですよ。だから、死にそうになりながらも(笑)、突っ走ってるわけです。

〇月×日

ソロ活動15周年を振り返る取材で気がついたんですが……

先日、雑誌の取材で〝ソロ活動15周年を振り返る〟みたいな感じの長いインタビューを受けたんです。そこでいろいろ考えたり話したりしてるうちに、自分のなかで漠然と感じていたことがはっきりしてきたり、ずっと昔に確認したことをあらためて実感したりするというようなことがいくつかありました。

例えば、俺ってやっぱりエンターテインメントが好きなんだなと思ったんですよ。インタビュー中に思い出したのは女の人のヌードを医学的な感じというか、そのまま撮っちゃってる写真集なんですけど、そのなかの女の人はどれも表情も何もなくて、ただ素っ裸で草原に立ってるっていう。生き物がそこにいる、というような感じですよね。それは、すごくアーティスティックではあるけれど、エンターテインメント性がないというか、写真家の思惑だけが見えてきてしまうもので、こういうものは俺の感覚では作品とは言わないかなあと思ったし、俺が歌うということはこういうことではないなあということをその写真が教えてくれたような気がしたんです。「女の人のヌードはもっとセクシーな感じが好き」とか、そういう話じゃないですよ（笑）。エンターテインメントの話です。まあ、女の人のヌードがエンターテインメントである場合も多々あるんですけど（笑）。

もう一つ再認識したのはファンタジーというものが好きというか、自分の表現はファンタジックなものにしたいという気持ちが常にあるなということで、それは結局、自分の作品を見た人たちを夢見心地にさせたいということなんだろうと思うんです。それは米米CLUBを始めたときから変わってないことの一つで、みんなを現実とは違う世界に連れていきたいというか。俺のコンサートを見に来てくださる方はよくご存じだと思いますが、俺って「西暦2300年の未来」とか「海底2万キロの世界」とか好きじゃないですか（笑）。そういう、現実とは違う世界観が一つありさえすれば、そのなかではリアルなメッセージを訴えたりするのもすごく面白くなると思うんです。そういう大がかりな枠組みを先につくってしまうから、そのなかで歌われる歌詞の内容とか芝居のセリフの意味とか、そうしたディテールが伝わりにくくなってるところもあるかもしれない。でもそれは、俺は良しとしてるんです。というか、そういうリスクがあるにしても、俺のコンサートを見に来てくださるお客さんには、ステージセットとか照明とか、そういうことまで含めた世界全体を楽しんでもらいたいし、そういうものをつくりたいと思ってるんです。そういう意味で、俺はミュージシャンというカテゴリーには収まりきらないよな、と思ってる部分があるのは確かなんです。

その一方で、〝俺って単純に歌うのが好きなんだな〟と思う自分を最近は感じています。特に、この1年はそういうことを感じることがけっこうあって、コンサートで歌ってるときには自分のためでも人のためでもなく、何に向かって歌ってるのかわかんなくなっちゃうくらい、歌にのめり込んでしまってることがあります。気がついたら3曲歌ってた、みたいな（笑）。そういうのって、自分でも不思議な感じがするんですが、俺もやっとミュージシャンになってきたということなんですかね（笑）。米米CLUBでデビューして27年、ソロで

15年。長かったなあ、みたいな（笑）。いまの俺をミュージシャンと呼ぶかどうかはみなさんにお任せしますが、俺自身は単純に音楽に携わってるのが好きっていうことでやってます。最近はもう、ポリシーがどうとか、そういう小難しいことは考えないようになってきてるし。音楽が好き、歌うのが好き。こう書くと、ずいぶん爽やかですね（笑）。

○月×日

アルバム『LOVE』と「MOONLIGHT DANCE PARTY」ツアー

ニューアルバム『LOVE』のリリースが、いよいよ来週に迫ってきました。

今回の新作は、タイトルそのままの、ストレートなラブソングアルバムです。サウンドプロデューサーの中崎英也さんとよく話してたのは、こざかしい変化球はやめようねということ。「石井竜也の音楽は歌謡曲だ」なんて言う人もいるけど、そんなこと言われなくたって堂々と歌謡曲をやってやるよっていう。男性も女性も、若い人も年配の人も、どんな層の人も「いいね」と言うような歌を作ろうという話をしてました。「逃げないラブソング」と言えばいいのかな。こういう混沌とした時代だからこそ、真っすぐにLOVEに向かっていくような歌をみんな聴きたいんじゃないかなと思ったんです。

今回のアルバムはソロデビュー15周年記念アルバムということで、ボーカリストとしてのキャリアの一つの節目になる作品でもあります。そこで、自作曲ということへのこだわりはあえてはずして、若い世代のソングライターが書いた歌詞やメロディーも積極的に取り上げてみました。他の人の曲も歌えるよっていうソロボーカリストとしての意気込みを見せたかったんです。例えば、郷ひろみさんを見てるとすごいなと思うんですよ。郷さんって、どんな人のどんな歌を歌っても、自分をきちんと守ってるし、自分がどういう位置にいるかということをちゃんとわかってらっしゃると思うんです。それに比べると、「俺はアーティストだから、他人の曲なんて歌わねえぜ」とか言ってる人はなんだか小さく感じますよね。それに、俺はエンターテイナーでありたいと思ってるから、そうした小さなこだわりよりもお客さんを楽しませるために考えるべきことがもっとあるだろうと思って。そういう意味で、今回はひとりの歌い手というか素材になりきるということが大事だなと思ったんです。

若い世代のソングライターを起用したもう一つの理由は、言わば現在進行形で一生懸命恋をしている世代が書いた歌がいいなという気持ちもありました。もちろん、俺も一生懸命恋してますよ。でも、やっぱりそれは50代の恋であって、その年齢ならではの良さはあるんだけど、今回はもっと若い世代の一生懸命な恋の気分を作品のなかに取り込みたかったんですよね。

自作ではない曲を多く取り上げたことの思わぬ効用みたいなこともあって。というのは今回のレコーディングが「HEARTS VOICE LOVERS」ツアーと並行して進められたので、正直に言って、ライブモードとレコーディングモードが十分には切り替えきれない日もあったんです。でも今回は、他の人のメロディーと歌詞の曲が多かったから、切り替えうんぬん以前に、とにかく目の前にある歌詞とメロディーに自分の感性を合わせていくという作業になるんです。そこが他の人が書いた曲を歌う面白さでもあり難しさでもあって、今回も1曲1曲いろんな壁に行き当たりました。ただ、いったんピントが合ってしまうと、中崎さんが「長くやってるがゆえのすごさというか、自分のものとしてなじんでしまう、その速さがやっぱり普通じゃないよね」とおっしゃっていました。自分でも、長くやっていることの価値って例えばこういうことなのかってちょっと思いましたね。

来週末の9月22日、越谷から「MOONLIGHT DANCE PARTY」ツアーがスタートします。

このツアーは、とにかくファンタジックですよ。タイトルにダンスパーティーとありますが、それはソーシャルダンスパーティーという感じです。つまり、ちょっとエレガントな感じだからドレスアップして来てほしいなあということなんですよね。ただ派手なだけのコンサートだったら〝ギラギラディスコパーティー〟とかにしちゃったほうがわかりやすいんでしょうけど、今回はそういう内容じゃないですから。〝ダンスパーティー〟という言葉から連想される派手さを〝ムーンライト〟という言葉で抑制しているというか、違う広がりをイメージできるようにと思ってつけたタイトルです。

去年のツアーのタイトルにも〝MOON〟という単語が入ってましたが、それは単純に俺が月明かりが好きだからということもありますが、今この国がおかれている状況は「月の時代」であるような気がするという意味も含まれています。太陽のように光り輝いている時代では決してないような気がするし、そういう時代にはまぶしいものはあまり似合わないような気がするんですよ。言い換えれば、まぶしいものは人の気持ちに寄り添えないような気がするということです。月明かりくらいの柔らかさのほうが今は心地良いんじゃないかなあっていう。男性は、月のそういう優しさを求めているような気がするし、女性は自分のなかにあるそうした部分を感じ取るのかもしれない。

ステージセットは、去年の〝MOONLIGHT ORCHESTRA〟ツアーの拡大バージョンで、青が基調だった去年に対して今回は赤のイメージになります。だから、印象としては去年よりも派手な感じにはなるでしょうが、それは「きれい」というような軽い感じじゃなくて、もっと深みのある、「美しい」という言葉で言い表したいようなものになると思います。そういう意味でも、来てくださるみなさんもいつもと違う自分を演出して来てくれるといっそう楽しいんじゃないかと思いますよ。

○月×日

GROUND ANGEL、2012年のテーマは〝TOMORROW〟です

今年のGROUND ANGELのテーマは、TOMORROWです。

現状は決して楽観的なことばかりではないですよね。俺に言わせれば、むしろ悲観的な考えにならざるを得ないような事実がたくさんあって、そのなかでTOMORROWという言葉をテーマにするのは、正直に言って、きついなと思うところもあるんです。が、同時に、それだからこそTOMORROWと言いたい、という気持ちもあります。

それに、「大変だ！ 大変だ！」と騒げばいいってものでもないですよね。どんなことを伝える場合にもどこかちょっとおかしいっていう感じは入れ込みたいと俺は思ってしまうんです。もちろん、状況がハードになればなるほど、それはタフな作業になるんですけど、そうしたいんですよね。

どうしてそう思うのかな？ って自分なりに考えてみると、落語が好きだからかなという気がするんです。落語って何を描いているかというと、欲望を抑えられない人たちの面白さなんですよ。

落語って、じつは辻説法から来てるんです。昔のお坊さんは諸国を行脚して、仏教を広めていったわけですけど、そこでお経だけ唱えていても、庶民の人たちはみんな何のことだか

わからないわけですよ。それで何をやったかというと、変な踊りを踊ってみたり、変な旗を立ててみたり、あるいは面白おかしい話を交えたりしながら、人というのは愚かしいものなんだよということを説いて信者を増やしていったわけですよね。だから、高僧と呼ばれているような人たちはみんなウイットに富んだ人だったんじゃないかと俺は思うんです。そうじゃないと、人の心を動かすことはできないですから。俺のやってることが偉いお坊さんの話と同じだとは言いませんが、それにしても人間の愚かしさを笑いのなかで気づかせるというところは通じてるかもしれない。何かを身につけようとしたときに、怒鳴られたり殴られたりして覚えるよりも、笑いのなかで気づくほうが人は深いところで納得するじゃないですか。笑いといっしょに覚えると、後になって気づくということが多いんですけど、それだけ長持ちするし。だから、おっかない話もちょっとおかしい。それが石井流だと思っています。

○月×日

突っ走るぞと思って始めて、突っ走りきった1年でした

ちょうど1週間前になりますが、19日のGROUND ANGEL福島公演に来てくださったみなさん、どうもありがとうございました。この日は、地元・福島の方々や、俺の地元・北茨城の子どもたちを招待したんですが、そのなかの、NHKの番組で「世界の絆〜命にありがとう〜」という曲を一緒に作った俺の母校・北茨城市立大津小学校の子どもたち

がもう中学生になってて、みんな制服姿で来てくれたんですよ。それはきっと、小学校の先生も子どもたちも俺にその姿を見せたかったんだと思うんですけど、その気持ちが俺自身も本当にうれしくて、ちょっと涙ぐみそうになりました（笑）。1年前には、ちょっと手を伸ばしただけでみんな集まってきて俺の周りにまとわり付いてたのに（笑）、みんないきなりピチッとしちゃって。その変わりようがうれしかったと同時に、子どもの成長というのは恐ろしいくらい早いものだなってあらためて感じました。

さて、この福島公演で2012年の俺のコンサートはすべて終了しました。今年はいつにも増してたくさんコンサートをやったんですが、それはもう去年のうちからそうしようとはっきり決めていたことです。人間なんてしょせん血と汗でできてるもので、その血と汗こそ流さないとこの時代には伝えたいことがちゃんと伝わらないなっていう感覚が自分のなかにあったんですよね。どんなきれいごとを言ってても、ライブをやったり、実際に自分の身体を動かしていろんなところに出かけていったり、そういうことをしないとその人の努力は認めてもらえないですよ。俺自身としても、何かを理解するということの程度がまだまだ甘いなあという感覚がありますから、そういう意味でももっと汗と血を流さないといけないなあと思ったんです。年齢的にも、そういうことをやれる最後の時期にさしかかってきてると思うんです。だから、今は流せるだけ流そうと思って、それで今年は、文字通り、突っ走ってきました。というか、それは今年だけの話じゃなくて、今年からの3年間は大事だぞと思ってるんです。ここで、本当に汗と血を流すということをしっかりやれれば、最期のときにも自分はやることはやったと思えるんじゃないかなあって。そういう充実感を自分にも、そしてファンのみなさんにも与えたいなと思ったんですよね。

今年はミニアルバム『HEARTS VOICES』とフルアルバム『LOVE』もリリースしたし、いつも以上に慌ただしく1年を駆け抜けてきました。これを読んでくださってるみなさんなら、それも石井らしいじゃないかと思っていただけると思います。

今年1年、ありがとうございました。来年もこんな感じでやっていきますので、どうぞよろしく。いい年をお迎えください。

BETWEEN 2013 AND 2014

第2章 昔

○月×日

2013年の「あけましておめでとうございます」

あけましておめでとうございます。本年もよろしくお願いします。

さて、みなさんはどんなお正月をお過ごしでしょうか?

俺は、休みと言えば休みなんですけど、仕事をしてると言えばそうとも言えるかなあ、みたいな(笑)。一人でいろいろ考えてて、最近は特にそういう時間を長く持つようになってきました。どんなプロジェクトでも1年くらいは考えていって、そうするなかで定められたTPOの的に向かって少し高いところを……、すごく高いところじゃなくて少しだけ角度が高いところを狙って、やっていければいいなと思ってるんです。

もちろん、最初にあるのは〝これ、やりたい!〟とか〝あれ、カッコいい!〟とか、そういう衝動です。どんな作品でも、衝動とか衝撃、驚き、そういうものが作るきっかけになります。でもそれは、きっかけでしかないんですよね。作品を作るということは、いろんな作業を重ねないといけないから時間もかかるし、〝どんなもので作ったらいいか?〟とか〝どんな表情にすればいいか?〟とか、いろいろ考えなきゃいけない。そういうことを考えていくのに必要な理念をずうっと考えるんです。で、俺はそれこそが大事な手間だと思うんです。

「いい作品を作るには手間をかけることが大事」とよく言いますよね。それは一般的には、例えば素材を求めていろいろ探して回ったりすることを言います。でも俺は、そういうこだわりを手間だとは思っていなくて、そこが多分、日本人ぽくないところかもしれないですね。俺は、早くできるんだったら、そっちを選びます。形がきれいに出来上がって、みんなが見たときに何か感動があれば、それで十分だと思うんです。例えば「竹は○○のものでないと駄目なんだ」とか、そういう話をよく聞くし、話としてはわかりますよ。でも、それがアーティストのこだわりとは俺は思わないし、そこは竹職人の方に任せておけばいいんじゃないかなと思うんです。こういうことを言うと、〝なんだ、石井の作るものはその程度のものか〟と思われる方もいらっしゃるかもしれません。それはそれで仕方ないですが、とにかく俺がいちばん大事だと思うのは、〝自分はこれを作りたいんだ!〟という思いがストレートに伝わっていくということです。で、その思いをしっかりと理念として固めることに時間を費やすことこそが「手間をかける」ということだと思っているし、そこを楽しむというかいちばん大事にすることが50代の人間がやるべきことなんじゃないかなという気がしています。

というわけで、今年もしっかりと思いのこもった、そして確固とした理念を持った表現をお届けしますので、どうぞよろしく。

○月×日

米米CLUBニューシングル「TAKARABUNE」はアリーナツアーのイントロダクション

今週の日曜日・2月3日から、いよいよ米米CLUBのアリーナツアーが始まりますが、そのイントロダクションと言うか、前あおりと言うか（笑）、とにかくにぎやかなシングル「TAKARABUNE」を今日1月30日にリリースしました。

タイトル曲の「TAKARABUNE」はパチンコとのジョイント企画から始まった曲です。「景気のいいヤツをつくってくれ」というオーダーだったのでストレートに派手な曲をつくってみたんですけど、今はいくら新曲でもシングルとしてリリースするとなれば、〝これはおいしい！〟と思わせるものが何かないと駄目なので、小野ちゃんが歌ってる「大漁〜願掛け節〜」という曲と「しぇいく、ひっぷ」という〝和モノ三兄弟〟みたいな組み合わせの3曲入りにしてみました。それで売れるだろうと思っている米米CLUBの浅はかさも楽しんでほしいなあと思います（笑）。

おまけにジャケットは熊手かよ、っていう。熊手をそのまま撮るんじゃなくて白黒にしてるあたりが、いま一つ突き抜けてないと言いますか……。ただ、よくよく見てみると、じつはただの白黒ではなくて、白に染めてるんですよね。米米CLUBのモットーとして、アートワークやステージセットには、一見バカな感じなんだけど、そこはかとなくインテリジェンスも時代性も入り込んでるということはずっとやってきてるんです。確実に転んでるんだけど、何も取らずに起き上がることはしない、みたいな（笑）。

ただ、今回のアリーナツアーでは米米のカッコいい部分もアピールしたいなと思ってるんです。米米って、その時々の時代の先端にちょっと掛かってるんだけど、それに溺れないということも常に意識してきたバンドで、だからファンクの曲でもジャズのコードをいっぱい使ったりしてて、おかげで古びないというところがあるんですよね。この3曲目に入っている「しぇいく、ひっぷ」もいい例で、「Shake Hip!」を和テイストのお祭りナンバー風にアレンジしたものですが、このリズムはただのお祭りビートじゃなくて〝じゃんがら〟というリズムです。米米ならではの〝祭り感〟みたいなものをひねり出したいと思ってやったんですけど、ああいうおバカな感じの曲でも、そのなかにはそういう音楽的な工夫がじつは盛り込まれてるんです。

で、このシングルを聴いていただければ、アリーナツアーの雰囲気はすっかり予想できると思います。ツアータイトルからして〝大天然祭～大漁歌い込み～〟というくらいですから、とにかくお祭り感いっぱいのコンサートであることは間違いないですね。それに会場がアリーナですから、デカいスケールで見るからこその米米の楽しさというものを、もうお腹いっぱい！　っていうくらい味わってもらえると思いますよ。来てくれた人が本当に何も考えずに楽しんで、明日から元気になれそうだなと思えるのが米米の良さだと思ってますから。

○月×日

俺の精神的な逃げ場は顔魂つくりです

9日と10日の武道館公演に来てくださったみなさん、どうもありがとうございます。米米CLUBの武道館公演というのは、20年ぶりだったそうです。やってる当人たちは〝へえ、そうなんですか〟という感じですけど。会場がどこだろうと思い切りやるだけですからねえ。と言いながら、ふと冷静になったときに思うんですけど、「思い切りやるだけです」みたいなことを言っていられる今の自分は1ヵ月前のことを思えば夢のようですね（笑）。だって、考えてみてください。1月14日にGROUND ANGELの大阪公演があって、18日は谷村新司さんとのジョイントコンサートで、その約2週間後から米米のツアーが始まったわけで、本番はそういうふうに順番に組んでありますけど、準備段階では全部同時並行的に進んでいくんですよ。しかも、本番が迫ってくるほどにそれらがまとまっていろんな意味でテンションが高まっていくわけですから、1月初めの頃なんて、俺はもうノイローゼですよ。やめてくれよって感じです。ホントに、自分をどういうふうに持っていっていいのかわからなくて、家に帰るとダルマばかりつくってました（笑）。

そういうハードな状況になったときに、俺って精神的な逃げ場がないんですよね。ガーッと酒を飲めるわけでもないし、ゴルフをやるわけでもないし。何か趣味みたいなことがあればいいのかもしれないけど、俺はそういうのもないから、自暴自棄とまではいかないですけど、何かすごく迷っちゃうときがあるんです。そういうとき、俺は顔魂というダルマをつくるんです。あえて言えば、「無心になる」みたいなことなんですけど、人間にはそういう時間も必要じゃないですか。小さい頃、おじいちゃんやおばあちゃんに「とにかく仏壇に手を合わせなさい」と言われることがあったでしょ。で、仕方なくやるんだけど、それでもお線香をつけて手を合わせた瞬間に何か感じたじゃないですか。何かやるべきことを、大事なことをやったのかもしれない、というような。今、俺がダルマをつくってるのもそういうことに近いのかもしれないですね。

〇月×日

今、俺のなかで起こっている波動は……

どうも今の俺は白という色が気になってるみたいです。

「なってるみたいです」って、他人事みたいな書き方になってますが(笑)、でも俺のなかの感覚としてはそういう感じなんですよね。だって、なぜそこに気持ちが向かってるのか、その理由は今の時点では俺にはわからないんですから。ただ、白に向かっているその気持ちは揺るがないということだけは、はっきりわかるっていう。

表現活動を続けていると、自分のなかにそういう波動を感じることがけっこうあるんですけど、俺はその自分の波動みたいなものにはいつも忠実であるようにしています。そこを偽ってしまうと、作品をつくれないので。その白に向かっている波動についても、今はやってるかどうかとかみんながどう思ってるかとかいうことは関係なくて、俺には俺の白があって、それが今の混沌とした時代のなかで何か意味を持っているような気がしてしょうがないんですよ。それで、あらためて自分を見直してみたときに、あまり色は関係ないのかなと思うし。だったら、無色透明にはなれないにしても、白という色に一度戻して、まっさらなキャンバスの上に新しい絵を描き直すということをやってもいいんじゃないかっていう。政治から何から、世の中のすべてが今そういうふうになってるじゃないですか。俺は、そう思うんです。

○月×日

白という色について考える

ここのところの石井の気持ちは白に向かっているという話を書いたら、「自分もそれに倣《なら》ってこの夏は白をベースにコーディネートしようと思うけど、白って太って見えるのよねえ」みたいなメールをいくつかいただきました。そういう問題は、各自対応してください（笑）。

白というと、人によっていろんなことを連想すると思うんです。ある人はゼロということを考えるかもしれないし、ある人は純真ということを考えるのかもしれない。あるいは、描いたものを塗り直すことを白で塗りつぶすというふうに考える人もいるでしょう。いろんな考え方があるでしょうが、それにしても白という色なんだ、というのが今の俺の感覚なんですよね。そこに、一つのフィロソフィーをすごく感じるというか。そのフィロソフィーみたいなものを、今の自分のなかで一生懸命納得したいっていう。

ただ、それは何かを悟るような話ではなくて、むしろ迷ってるからこその白なんです。迷ってなかったら、何かの色になってると思うんです。〝今は赤だな〟とか。

きっと迷ってるんですよ。で、迷ってるということが魅力なんじゃないでしょうか。アーティストは迷ってるべきだと思うんです。迷うから、創るんですよね。迷って苦しんでるから、創るんです。悠々自適の状態でつくってる音楽なんて、俺は聴きたくもないですね（笑）。

俺という人間が、そういうふうに思えるようになったということもあるのかもしれません。それを、余裕と解釈する人もいるかもしれないですが、俺自身はとてもそういうふうには思えなくて、いろいろと暗中模索しているなかで白というブライトな色がほしいということなんじゃないかなという気がします。無垢《むく》になってみたいとか、あそこをもう1回やり直してみたいということもあるんでしょう。自分ではわかんないですけど。そういうことは俺だけじゃなくて、どんな仕事でも長くやってるとそういうことにぶつかっているはずで、だからこそ誰にも通じるテーマなんじゃないかなあと思うんです。

というわけで、今はとにかく白いものを一生懸命考えてます（笑）。

○月×日

「WHITE MOONLIGHT」ツアーは、3年プロジェクトの3年目

今回のツアー「WHITE MOONLIGHT」は、2011年の「MOONLIGHT ORCHESTRA」、2012年の「MOONLIGHT DANCE PARTY」に続く、MOONLIGHTシリーズの第3弾です。

このシリーズの構想は、「MOONLIGHT ORCHESTRA」ツアーを始めるときにもう考えていて、だからこそセットにも普通以上の予算と労力をかけたんですが、その時点ではスタッフは〝これじゃあ、採算とれないよ〟と思ってたみたいです。でも俺としては、3年間違うことをやっていって、そのなかでセットにも手を加えて毎回違う印象を与えていくというやり方なら、ちゃんと辻褄《つじつま》は合うと思っていました。ステージの完成形というのは、最初は俺の頭の中にしかないから、心配や不安の声が毎回出るのも無理はないと思ってるんです。実際に、採算が合わないまま終わったこともあるし。それも、大幅にね（笑）。でも、俺がいつも思ってるのは、最後に1万円札が1枚、ピラピラピラと降ってきて、それがもうけ分、みたいな（笑）。それでいいような気がしてるんです。俺自身は。自分がやりたいと思ってることがやれないということのほうがつらいから。

ただ、スタッフは自分たちの生活のこともあるだろうし、俺に新しいことをやらせてあげ

たいという気持ちも持ってくれてるから、逆に大きな失敗はしないようにと慎重になるんですよね。

だから、「これは順当だね」というような反応が身内のスタッフから出てくる場合はもうちょっと考えたほうがいいぞって、いつも自分に言い聞かせてます。身内のスタッフが不安に感じないようなことをやってもインパクトはないだろうと思うから。スタッフに対しては、〝不安がれ、不安がれ〟といつも思ってるっていう（笑）。不安がってくれると、俺自身は〝行けるかもな〟と思ったりするんです。初めて言うことですけど。というか、これはスタッフも見るから、あまり言いたくなかったんですよね（笑）。

２０１１年の時点で3回シリーズのツアーを構想していた理由はもう一つあって、それは〝俺が伝えたいことを伝え切るにはそれくらいの時間が必要〟ということです。だから、どうしてもこのシリーズは3回やりきりたかったんです。この話に限らず、「3年やるよ」と言えば、必ずやる人なんですよね、俺は。どんな汚い手を使ってでもやります（笑）。

その代わり、やったことについて満足感が得られるようなところ、それもみんなが〝これくらいだろうな〟と思い描いていることのちょっと先のところまで行けるということが大事だと思うんです。みんなが思ってるよりもちょっと高い次元に持っていくことで、彼らも自信を持つようになるし、そうなるとその次にやることが今よりもちょっと上のレベルでやれるようになるんですよ。

もう一つ忘れてはいけないのは、お客さんも俺も生き物だから、1年ごとにどんどん変わっていくということです。考え方とか、惹《ひ》かれるものとか。この間の大震災みたいなことも起こったりするわけで、そうすると当初考えていたことをガラリと変えざるを得ないということになる。実際、「MOONLIGHT ORCHESTRA」ツアーはスタート直前に内容をすっかり変えてやりました。そういうふうに、時代の空気を読まないといけないところもありますよね。

だから、「3年やります」と言ったら絶対やるんだけど、自分の思惑通りには絶対やれないというか、みんなの空気を感じていないと、とてつもなく失礼なことをやってしまってスタッフが離れてしまう。スタッフが離れるということはファンが離れるということにそのまつながってますから。だからこそ最低限度のルールは必要で、それは何かと言えば「時代に対して失礼にならないように」ということかなと思うんです。

時代にマッチしていて、みんなが求めていることというのは、おそらくすでに誰もがやっていることなんですよ。でも、失礼かどうかというのは倫理的な問題で、音楽的な内容とはまた別の話でしょ。それに、芸術的というかアーティスティックな部分では、倫理的なことはある意味では無視しないとできない、という側面もあります。アートというのは要するに、普段見ていないことを見るということだし、そこの驚きみたいなものをお客さんに感じてもらいたいわけだから。そうしたなかで、俺がやり続けていることのベースにあるのは、あえて言葉で説明すれば、「時代に失礼のないように、その時代にないものを見せていきたい」ということになるでしょうか。

○月×日

クリエイティブの世界は、オリンピックとは違います

俺がやってることを違う角度から話すと、俺はいつでもすごく小さな的を射抜くようなことをしてるとは思うんです。ただ、その的は200メートル向こうにあるのを見るとすごく小さいんだけど、それを自分の手のうちに置いてしまえば、決して小さくなかったりするんですよね。物事を遠くから眺めるということも大事だけど、一度すごくそばまで寄ってみて、〝こういう的なのか。意外と大きいな〟ということがわかるとずいぶん気持ちは違います。

それから、わざわざそばまで寄って行って見てみるのは、自分の力を「200メートルも離れたところから射抜けるわけがない」と評価しているということでもありますよね。だから俺は、「10メートルのところから射ることにさせてください」ということにしちゃうんです。意外と、みんなはそういうふうにはやらないですよね。200メートル離れたところに線を引かれてしまうと、そこから射ることとしかやっちゃいけないんだと思っちゃう。でも、俺たちがやってるクリエイティブの世界は、オリンピックの競技と違って、そういう意味でのルールなんてないですから。「ええっ、それって、ズルくない!?」という声が聞こえてきそ

うですね。実際、プロのクリエイターでも例えば200メートル離れたところに線を引かれてしまうと、そこからしかやっちゃいけないんだと思ってしまいます。でも俺は、〝引かれた線に従うことが目的じゃなくて、的を射ることが目的だから〟と自分なりの方法でやって、パッと的を射てしまうんですよね。

大事なのは、自分がやれることを把握するということです。自分にできるのが5メートルのところだったら、5メートルまで近寄ればいいんですよ。それでも、みんなは「真ん中を射抜いている」ということにびっくりして、近寄って射ってることはあまり気づいてなかったりするんです（笑）。気づいた人のなかに「ずるい！」と言う人もいるでしょう。でも大事なのは、その表現を受け取ったお客さんがどう思うかということですよね。お客さんから見て、「それは汚いよ」と非難されるか、「この人はとんでもないことをやっちゃうのね」と感心されるか。そこは本当に紙一重だと思うし、もっと言えば、ずるいことでも許されるようにやっていけばいいということもあるし。そこの間合いを動物的な勘で測っていくというのはすごく大事だし、その意味で現場に立っているということはすごく重要です。俺が言う現場というのはステージということですけど、そこでお客さんの反応を肌で感じて「この曲は、今回は外したほうがいいな」とか、「ここのアレンジは長過ぎるな」とか、そういうふうに現場の空気感でしか判断できないことがあるんですよね。

○月×日

ニューアルバム『WHITE CANVAS』の白

9月4日にリリースするニューアルバム『WHITE CANVAS』の骨格がほぼ整ってきました。

今回のアルバムをつくるにあたって、「これを聴けば石井竜也の音楽の幅がひと通り見渡せますよ」というようなアルバムになればいいなという気持ちがありました。これまでトッ散らかった感じでいろんなことをやってきましたが、そのダイジェスト版みたいに1枚にまとめあげる。でもそれはベスト盤みたいな形じゃなくて全部新曲でそういう内容にすることが、俺にとっての白に戻るということにもなるかなと思ったんです。

絵描きでも、例えばピカソなら「青の時代」とか「薔薇色の時代」、あるいはキュビスムになったりフォーヴィスムになったりしたわけで、一人のアーティストのなかでもいろいろ変遷があるわけですよね。ミュージシャンも、人生というものを歩んでいくなかで、年齢やその時々の状況に応じていろんなことがあり、そこでいろいろと気がついていくことがあります。ところがこの国では、自分のスタイルというものにこだわって、それを貫こうとするミュージシャンが多いように思うんですが、俺はそういうところにはあまり美学を感じないんですよね。それよりもむしろ自分の気持ちに忠実な音楽というか、その時期に自分が歌っていていちばん気持ちいい曲、納得できる曲を歌って、それがお客さんに伝わってくれるといいなっていう。そういうスタンスでずっとやってきました。その結果、ミュージシャンとしての俺って位置づけがものすごく難しいということになったりもしてるわけですが……(笑)。それはともかく、今回は「石井竜也のダイジェストアルバム」をつくろうという気持ちだったので、「浪漫飛行」的な楽曲があったり、ちょっとひねくれた感じの曲もあれば和テイストの曲もあったり、バラードもあるし、かなりシリアスに歌い込んでる曲もあったりするという内容です。『WHITE CANVAS』とは言っても、「新しいキャンバスを買ってきて用意しました」みたいな、いわゆる真っ白ということではないです。このアルバムに用意した〝キャンバス〟には、俺がこれまでにいろんな色を塗り重ねてきてるから、その表面はもうボッコボコなんですよ(笑)。それでも、もう一度全部を白で塗りつぶして、その上で新しい絵を描こうということなんです。とすると、色は白色になるんだけれど、表面のボッコボコまではなくならないわけですよね。20年、描き重ねてきたことの厚みははっきりとあるんです。

ここに表現されている〝白〟というのは、そういう白です。

○月×日

石井流クリエイティブは「上へ、上へ」じゃなくて横方向

〝次はどんなことをやろうかな?〟ということを考えるときに、俺は〝前回以上のことを〟

とか〝あのツアー以上のアイデアを〟というふうには考えないです。コンサートに限らず、何かの企画を続けていく場合に、たいていの人は〝もっとすごく〟〝もっと上へ〟というふうに考えますよね。そういう考え方ももちろんエネルギーを高めていくための、一つの考え方ではあると思うんですが、俺はそういうふうにやっていこうとすると何もできなくなっちゃう気がするんです。もしクリエイティブを目指している人がこれを読んでいたらぜひ覚えておいてほしいんですけど、表現を続けていく場合には〝上へ、上へ〟というふうには考えないで、横へずれることを考えたほうがいいんですよね。並べたときに面白いのはどういうことかなって考えるというか。〝上へ、上へ〟とやっていくと、肉体的、精神的、あるいは物理的に絶対どこかで無理が生じますから。

ただし、横へずらしていくということを長く続けていこうとすると、その一つひとつが何かしら違っていないといけない。高くなっていなくてもいいんです。違うものであればいいんですよ。というか、違うものであることがいちばんのポイントになると俺は思っています。だから、あるツアーのステージを見たときに、たまたま前のものよりもクオリティーが高くなっていると感じることがあったとして、それは見る人それぞれの感想だから、そういう意味では俺には関係ないことなんですよ。俺が考えるのは、並べたときのコントラストみたいなことです。

〝上へ、上へ〟という方向で続けていくことのもう一つの問題点は、出来上がるものがどんどんわかりにくいものになっていくことが多いということです。わかりやすさというのは大事ですから。〝俺がいいと思うものをやるんだ！〟とは思ってますけど、とは言っても〝だから、わからない人がいてもいいんだ！〟という話ではないんですよね。少なくとも俺がやっていることは、そういう表現ではないと思っています。

○月×日

構えは広く、でも雰囲気はちょっと怪しげに

表現においては、わかりやすさがやはり大事です。大事ではあるけれども、かと言ってただわかりやすければいいというものでもないということはみなさんにもわかっていただけるでしょう。そこにはいい頃合いのさじ加減というものがあります。それは、俺の場合はステージの上で、まさに体で覚えた感覚なので言葉で説明するのはなかなか難しいですが、とりあえずはっきりしていることの一つは、人に何か興味を持ってもらう場合に、その表現の入り口の〝門構え〟は広ければ広いほどいいということです。しかも、その入り口は階段が何百段もあるその先にあってもしょうがないわけで（笑）、やっぱり道端にあるのがいい。つまり、その入り口まではすぐにたどり着けるということですよね。その上で、その入り口が漂わせている雰囲気はちょっと入りづらいくらいの感じのほうがいいんですよ。それくらいのほうが、興味を惹かれるんです。何があるんだろう？　って。みなさんも、身に覚えがあるで

しょ。門は広いんだけど、その中はあまりよく見えない。だから、逆につい入っちゃうっていう。その感覚というのは、商売をやってる方だったらピンとくるんじゃないですか。まあ、俺のコンサートは商売という観点から見ると、入ってくるお金をほとんどステージセットとかで使っちゃうから良くないんですけど……（笑）、そんなことはいいとして、要は入りやすい構えなんだけど入りづらい雰囲気、という加減が大事ということですね。

○月×日

米米CLUBニューシングル「どんまい」

11月27日に米米CLUBがニューシングル「どんまい」をリリースします。

タイトル曲の「どんまい」は、今月末から公開される映画『あさひるばん』の主題歌です。端的に言って、米米ももはやおっちゃんとおばちゃんがやってるバンドになってきたわけで、だからこそこの世代の人間にしか演れない、この世代に向けた、あるいはこれからこの世代になっていく人たちに向けた応援歌をやりたいなと思っていたところにいただいたこの映画の話は〝元野球少年たちのその後〟とでも言うべきストーリーでした。野球は9人でやるスポーツですが、米米も9人編成ですからね。これはもう、俺たちが絶対やるべきだなと思って。

もっとも応援歌とは言っても米米がやることですから、肩に力が入った感じにはやっぱりならないですよね。俺が言いたかったことも、コブシ握って「がんばれ！」と叫ぶ、みたいなことじゃないし。むしろ、その真逆というか、「そんなになんでもかんでも背負い込まなくても大丈夫だよ」とか、「あんたの今の状況もそんなに不幸じゃないよ」とか、そういう感じです。日本人って、妙に潔癖で、やるとなったらなんでもしっかりやらないと駄目で、それができない自分は能力がない、みたいに思ってしまいがちじゃないですか。でも、俺としては「そんなことないよ」と言ってあげたかったんです。だいたい人生というゲームのなかでは、何が勝ちで何が負けか、あるいは何が成功で何が失敗か、よくわからないでしょ。結局、勝ちも負けも、成功も失敗も全部ひっくるめて人生なんだろうし、楽しさ具合ということで言えば〝勝ってるのか、負けてるのかわからないけど、とにかくやり続けてみるか〟みたいな感じでいるのがいちばん面白いと思うんですよ。カップリングの「どうにかこうにか」もテーマはまさに同じです。言ってみれば、「どんまい」が爽やかな二枚目で「どうにかこうにか」は人なつっこい三枚目という感じでしょうか。ちなみに、3曲目に知る人ぞ知る名曲（と俺は思ってる）の「東京ライフ」という曲をニューレコーディングで入れました。また、盛りだくさんなシングルになっちゃいましたね。

○月×日

2013年のGROUND ANGEL、テーマは〝HOPE〟です

12月になってしまいましたね。だから、もうGROUND ANGELの季節ですよ。「GROUND ANGELの季節」というのもちょっと変な言い方かもしれないですが、今年も来週12日から東京・丸の内で開催される「LIGHTING OBJET」にGROUND ANGELのコンセプチュアルオブジェを出展し、14日と15日には東京でコンサート。26日が大阪で、今年は28日に名古屋でもやって、それで1年が暮れていくという。GROUND ANGELは今年で12年目ですから、もう11回もそういう12月を繰り返してきたことになります。

今年のGROUND ANGELは、〝HOPE〟という言葉をテーマに掲げています。今の状況のなかでは、例えば〝DREAM〟なんて言葉はあまりピンとこないような気がしたんですよ。〝DREAM〟よりはちょっと現実的で、〝DREAM〟よりももう少し身近にあって、だからしがみつこうと思えばしがみつけるもの、それが〝HOPE〟、つまり希望であるような気がしたんです。

GROUND ANGELはそもそもの主旨がすごくはっきりしていますから、毎年1年の初めの時点で大枠を決めて、いろんなことをそこに結びつくように構成していったりする

んです。そういう意味では自分の活動のキーになっているところがあると言ってもいいくらいで、そういうふうに本業と地続きになっているからずっと続けてくることができたということもあるでしょうね。

ただ、地続きであるからこその難しさもあります。当初のアートという概念にショーという要素が加わってきて、やり始めた頃よりも表現の幅が広がってきてるんです。そこで、「チャリティーなんだから質素にやるべきだ」という考え方もあるとは思うけれど、俺はエンターテイナーとしてやってきているわけで、その石井が通常の活動と同じようにお金をいただいてコンサートを見せるという場合に、普段のツアーのステージとあまりにかけ離れた内容だとちょっと違うような気がするんですよ。チャリティーではあっても、ショーとして楽しんでもらって、〝そう言えば、これはチャリティーになってるんだよな〟という感じになればいいいな、と。大事なのは、デカいことを言わないで、自分なりのやり方でチャリティーをやるということだと思っています。人には器があって、できることとできないことがあると思うから、できることの範囲でやらないと続かないですよ。ただ、どんなことでも、同じことを3年間やれば、人は信じてくれます。ただのパフォーマンスで3年はやれないことは、みんなわかってますから。だから、ある意味での粘り強さというか、いい意味での固執が必要ですよね。

というわけで、変わらぬこだわりを持って、12年目のGROUND ANGELに臨んでいる石井でした。

○月×日

2014年「あけましておめでとうございます」

あけましておめでとうございます。元旦から、みなさんにこうしてごあいさつできるのは、すごくいいですね。今年もよろしくお願いいします。

さて、2014年になりました。ということは、来年はいよいよ俺もデビュー30周年ということになるわけでして、今年はその区切りに向けて何をすべきかということを考えていきたいと思っています。というのも、50代も半ばを過ぎてくると、はしゃぎまくって、あおってあおってというようなコンサートは難しくなっていくと思っているんですね。違う言い方をすれば、大きなコンサートはできても、大きな動きはできなくなるかもしれないということなんですけど。もちろん、精神性は高めていくにしても、本当に過激に派手なことがやれる時間はもう数年なんじゃないかという気がしてしょうがないんですよ。だから、その後は生き方とかコンサートのあり方自体を変えていかないといけないんじゃないかっていう。

その上で、お客さんにはこれまでとまったく同じ満足感を得てもらうステージをつくるというのが大きなテーマとしてあります。そのためには、そういうコンサートの方法論やステージングを愛してくれる仲間を作っていかないといけないですよね。お金の問題も出てくると思いますけど、お金というのは面白いことをやってれば付いてくるものですから。だから、自分のやりたいことを真摯《しんし》に、しかも具体的に提示していって、それがお客さんにもちゃんと満足してもらえるようなコンサートができるといいなあ、と。そういう形を作るための1年なのかなと思ってるんですよね、今年は。

アーティストには、その年齢に似合ってることというか、その年齢でないとできないことというのが必ずあるような気がするんです。派手なものがいつでもなんでもいいわけではないし、バラードを歌うのがいいと決まってるわけでもないし。普通は年齢を重ねていくなかで落ち着いたりまとまっていったりするものだけれど、アーティストというのはトッ散らかったままでも別にかまわないと思うんです。トッ散らかってる一つひとつにちゃんと深みがあって、メッセージや自分なりの考え方をきちんとそこに込められてさえいれば。そういうものを発表する場としてコンサートがあって、お客さんもちゃんと満足してくださってるのであれば、それがいちばんいいことだと思うんですよ。だからこそ、俺はそういう場や方法を一生懸命模索していかないといけないと思っているところです。これまでの石井竜也やカールスモーキー石井のイメージもちゃんと踏襲していて、派手さもあり、アーティスティックな雰囲気もあり、しかも新しいっていう。イメージは、俺のなかにはなんとなくはあるんですよ。期待しててください。

○月×日

今年の3・11は東北に向けてオーチャードホールでコンサートです

「GROUND ANGEL～HOPE HILLS～」まで、あと約1ヵ月となりました。

オープニングテーマと新曲を1曲書き下ろしたんですけど、どちらも和テイストの曲で、新曲は「希望ヶ丘へ」というタイトルです。つまりHOPE HILLSですよね。美しいアレンジでちゃんとラッピングはされているけれど、その中に入っているものはすごく素朴で柔らかなイメージでありながら、意外としっかりしてるっていう。希望という言葉が、しっかりとした形になるような歌にしたいなと思ってつくりました。

その新曲「希望ヶ丘へ」やサブタイトルにある〝HILLS〟のイメージはもちろん、今回の収益の寄付先となる「鎮守の森のプロジェクト」(http://greatforestwall.com/)がモチーフになっています。このプロジェクトに俺が強く共感したのは、世間で瓦礫と呼ばれているものを新しい希望の丘の礎にしようという、その発想が素晴らしいと思ったからです。このアイデアは、土木の専門的な立場から見ても有効なんですよ。瓦礫を積むと、きっちり積み上がらないで微妙に隙間ができるから、そこに植えた木は根を張るのが早くなるそうですし、下に瓦礫を敷いて、その上に盛り土をしていくと、非常に頑強な防波堤が築かれることになるということです。

瓦礫と呼ばれているものの処分については、放射能汚染を疑われたりしましたが、そういうことでもめるくらいなら他に持って行くことはないと俺は思ってたんです。なんでもひとまとめに瓦礫と言うけれど、瓦礫というのは壁が崩れた残骸とか、そういうものを指すのであって、家財道具は瓦礫とは言わないですよ。僕は「思い出山」と呼んでますが、あの積み上げられた物を一つひとつ見ていくと、タンスだとか椅子だとか、つまりそこに住んでいた人の痕跡なんですよね。亡くなった人たちの思い出の品なんですよ。それが泥にまみれてしまったから使えないというだけであって、家族にしてみれば特別なものだったりするんです。だから、ニュースなどで瓦礫というひとことで片付けてしまっていることには、俺はすごく頭に来てました。

それに、亡くなった方々がそこに眠っているのであれば、その人たちに関わりのある物もいっしょに埋めてあげるのが精神的にもすごくいいと思うんです。ロマンチックという言葉を使っていいのかどうかわからないけれど、とても人間的だなあと思います。で、その結果として出来上がる新しい丘が生きている人たちの生活を守るものになるということは、精神的にもちゃんと筋道が通っているし、そこにある流れは美しいですよね。だって、〝昔ここに住んでいた人たちが使っていたものが自分たちを守ってくれてるんだ〟という気持ちは信仰心というか気持ちの優しさを生み出していくことになるだろうし、またその丘が次の暮らしの思い出を生み出すことにもなるわけですから。

ただ、それだけのものをつくるとなると、アーティストが声を上げるだけではなかなか難しいところもあって、やっぱり行政の力が必要です。このプロジェクトの代表は細川護熙さんですが、このコンサートを開催するにあたって細川さんに直接お会いして、あらためてご尽力をお願いしてきました。そして、「この大きな取り組みのなかで、俺は伝達役でありストーリーづくりを担うつもりです」ということをお伝えしました。

いろいろな人たちの、いろいろな力が積み重なって、希望は広がっていくんですよね。

○月×日

3年目の3・11、俺の思いを真っすぐに伝えました

3月11日に渋谷のBunkamuraオーチャードホールで行ったコンサート「GROUND ANGEL～HOPE HILLS～」には、全国から本当にたくさんの感想をいただきました。被災地からも結構いらしてたようで、「帰りの道すがら、コンサートのことを思い浮かべていました」というメールを見たときには、逆に俺がその方の東北でのこの3年に思いを巡らしたりもしました。このコンサートは、なんと言っても、震災が起こったその日にやっていることですから、その内容はおのずと鎮魂であったり、〝もう一度みんなで思い出そう〟ということになったりしますし、まだまだ大変な状況にある人たちに対し

て失礼になるようなことはしないということは強く思っていましたから、いろんな意味でずいぶん気を遣いました。ただ、〝日本〟というキーワードを定めてやったことで、諸外国の大使館の方々も含め、会場で楽しんでくださった方々が〝日本のメロディーというのはこんなにきれいなものなんだなあ〟ということを感じてくれたんじゃないかなあと思うんです。

この日のセットリストに関しては、かなり考えました。実際のところ、お客さんは知っている曲もあれば知らない曲もある、という感じだったんじゃないかと思います。それでも、俺としては自分の楽曲ばかりで構成して良かったなと思っているんです。このコンサートをショーとして考えれば、誰でも知っている曲のカバーなども折り込んで、お客さんみんなが楽しめるような演出も考えないといけなかったのかもしれないですが、このコンサートについてはまず俺がどう思っているのかということが大切だと思ったんです。日本人がチャリティーに取り組むときにどうも誤解があるように感じるのは、みんなでやるのがチャリティーだと思ってますよね。でも、本当は個人でやるのがチャリティーなんですよ。その人がどう思っているか、その人がどれくらい真摯に取り組んでいるかということを伝えるのがいちばん大事なわけで、そういう意識でセットリストを考えていくと、他の方の楽曲を入れる余地がありませんでした。ショーとしての演出というような要素を介在させられないコンサートだったんですよね。そういう意味では、俺自身かなり追いつめられましたが、そのなかで自分の思いは真っすぐに伝えられたんじゃないかと感じています。

どうして〝日本〟をキーワードにステージを構成したのか？　というと、その答えはいたって単純で、「だって、みんなあのとき、日本人だなあと思ったよね」ということなんです。東北で食料を譲り合う人たちの話や自衛隊の活躍を誇らしく思ったりしましたよね。こういうことを言うと、すぐに「偏っている」なんて騒ぎたてる人がいますけど、自分の国に愛着を感じるのは当たり前のことですよ。自分が生まれ育って、現実に生活している場所ですから。日本人は本来的に、優しさやコミューン体質みたいなものを持っていると思うんです。そうしたことも含め、あの大震災で亡くなった人たち、あの風景、そして世界が日本を助けてくれたことまで含めて、あの出来事のなかで自分たちはやっぱり日本人なんだなということを思い出したんだと俺は思っています。

○月×日

大御所御三方の話から、あらためて気づかされました

3月26日にリリースされるライブDVD『WHITE MOONLIGHT』の編集が終わりました。本編のライブ映像の素晴らしさはもちろんですが、今回思い切りお薦めしたいのは初回盤に付く特典DVD、その名も「ART MOOD」であります。ART、MUSIC、FASHIONという三つのフィールドで俺がリスペクトしているお三方、岡本太郎記念館館長の平野暁臣さん、作曲家の千住明さん、そしてファッションデザイナー

のコシノジュンコさんと対談をさせていただきました。

平野さんにご登場いただいたのは、MOONLIGHTのライブシリーズのステージセットが岡本太郎さんの作品の雰囲気を踏襲してつくれないかなと思ってつくり始めたものだったからです。音楽については、このシリーズのいちばん最初の年のタイトルは「MOONLIGHT ORCHESTRA」だったし、俺自身これからオーケストラとコミュニケーションをとっていくコンサートが続くということもあって、俺が普段やっているようなポピュラー音楽にもオーケストラの音楽にも通じていらっしゃる千住さんとぜひこのタイミングでしっかりお話ししてみたいと思ったんです。コシノさんの活躍ぶりはファッションの世界にとどまらないし、やることなすことブッ飛んでて、でもファッションの完成度はすごく高いっていう。ホントにすごいですよね。DVDの構成上、わかりやすいように三つの分野に分けてはいるんですけど、お三方いずれもすごい大御所ですし、しかもご自身の人生の一部を切り取って話してくれているので、そのお話はART、MUSIC、FASHIONというそれぞれの分野に限った話ではなくて、科学をはじめすべてのことに通じる内容だと思います。

すごく面白いなあと思ったのは、お三方の話の最後に行き着くところが同じようなところだったんですよ。それは、既成の概念を取り払って身近にあるものをもう一度見直してみると、意外と面白いものが見えてくるという話なんですけど、そこで彼らが具体的な例として話すのは、対象を真後ろから見てみようとか、ぶっ壊してみようとか、そういう既成概念の取り払い方ではなくて、「それを2センチ横にずらしてみて」とか「布を2枚重ねてみて面白くなかったら5枚重ねてみて」とか、そういうことで全然違ったものが見えてくるという話でした。つまり、彼らが「既成概念を取り払って」と言うとき、そこでは「壊す」という概念が「つくる」という概念とくっ付いていて、それ自体がもう既成概念から外れているわけです。

破壊というと、でかいビルを吹っ飛ばすアメリカ映画の1シーンのような光景をまずは思い浮かべると思うんですが、ああいう破壊は何も残さないための破壊ですよね。しかし、遺跡に風や砂が押し寄せてきて、その一粒一粒が少しずつ壊していったりする場合には、人がつくった物ではあるんだけれど、今となってはそこに時間というものが確かに内在していると感じられるんですよ。つまり、一方で壊されていってるんだけど、同時に新しくつくられていってるという。ミロのヴィーナスがいい例ですよ。腕がないことできれいだというのも変な話ですけど、確かにそうですから。

それから、お三方とお話ししていて、新しいことを紡ぎ出していく上でいちばん大事なのはその行為に没頭するということかもしれないとあらためて感じました。

俺も、粘土を一生懸命こねていろんなものをつくってきました。最初はダルマに粘土をくっ付けてつくっていくんですけど、そこで大事なのはダルマをつくっているということも忘れるくらい没頭できたかどうかということであって、出来がいいかどうかというようなことは問題じゃないんですよ。俺自身の気持ちも、それがすでにダルマの体を成していないというところまで踏み込めたりすると、そのことがいちばん快感だったり面白かったりするんです。

音楽でも同じようなことが言えます。ステージ上で、お客さんの前に立っているのを忘れるくらい歌に入り込んでいることに気づくことがあるんですが、そういうときの俺をお客さんは絶対魅力的に感じてくれてるはずなんですよ。

没頭するということが、「壊す」ことと「つくる」ことがくっ付いてる世界に入り込む道なんだと思うんですよね。

○月×日

12年ぶりの「ART NUDE」。格別の手応えです

20日の「ART NUDE」大阪公演にいらしてくださったみなさん、どうもありがとうございました。12年ぶりの開催で全6公演のうち半分を無事に終えたわけですが、「ART NUDE」というのは通常のコンサートとステージ上で絵を描くアートパフォーマンスの二つで構成する、俺ならではのステージアートです。

12年前と比べると、今回は俺のなかでも格別の手応えがあります。とは言っても、それは思わずガッツポーズしたくなるような感覚ではなくて、むしろその正反対というか、絵でも歌でも、すべてにおいて肩に力があまり入ってない感じでできるようになったなあというこ

とをすごく感じるんですよね。それは多分、俺のなかでステージに上がっている自分というものがより自然になってきたからだろうなと思ってるんですけど。

それから、昔は〝お客さんに楽しんでもらわなきゃ〟という気持ちのほうが大きくて、自分が楽しんでいたかと言えば……、楽しかったのは確かに楽しかったんですけど、〝まとめなきゃいけない〟という意識が強過ぎて余裕がないままいつも終わってたような気がするんです。でも今回は、例えば絵を描く上で〝あまり語り過ぎない〟ということがやれてるんですよ。やりたいことは山ほどあるし、人がどう思うかということも考えないわけではないけど、自分が納得いくところまでやったら、そこで止められるようになったなあ、と。ひと言で言えば、大人になったんだろうなということですね。

そこであらためて実感したんですが、アートというものはじつは生活のなかにあったり、恋愛のなかにあったり、あるいは親子の情愛のなかにあったり、というふうなものであるように思います。「おふくろの誕生日だから、この湯飲みを買ってきたよ」なんてことがあったら、母親にしたらもうトイレに入って泣きたいくらいうれしかったりするわけですけど、それもアートだと思うんです。息子は、〝おふくろは赤が好きだから、これかな〟とか、いろんなことを考えて選んでるはずだから。同じような意味で、アートと言っても何かすごく特別なこととは限らないし、逆に特別な感じがしないもののなかにもアートはあるんですよね。

○月×日

3・11以降、感じていたことを「ART NUDE」をやっていよいよ確信しました

11日の名古屋公演にいらしてくださったみなさん、ありがとうございました。また、各会場に来てくださったみなさん、本当にありがとうございました。「ART NUDE」はなんと言っても12年ぶりだし、その間に自分のなかで変わったところもあるから、始める前は手探りなところがあったんですけど、無事にやり終えることができました。

ステージに立っているときの自分の意識の変化というのはこの数年、特に3・11以降すごく感じていることです。ひと言で言えば、お客さんに近くなってるような感じがすごくしています。俺のことを長く見てきてくれているファンのなかには、一緒にバカみたいに大騒ぎしていたカールスモーキー石井がチャリティーをやったり、あるいは「ART NUDE」みたいなアバンギャルドなことをやったりして、ちょっと遠いところへ向かってるように感じてる方ももしかしたらいらっしゃるかもしれないですが、俺自身の感覚としてはまったくその逆なんですよ。〝見せなきゃ！〟とか〝聴いてくれ！〟とか、そんなことよりも、俺は歌いたいから歌ってて、みんなは聴きたいから聴いてて、そこに責任はなくて、ただ俺はみんなが一生懸命いろんなことをやりくりして会場まで来てくれているという事実をよくわかってるから中途半端なことはできないなという覚悟だけを持って舞台に立っているっていう。

絵を描くのも、同じです。自分が描きたいから描くんですよ。「ART NUDE」のステージでは、みんなが見ていることにふと気づく、みたいな瞬間があって、それくらい絵を描くことに夢中になってたわけですよ。そういう石井竜也をお客さんは見に来てるんだと思ってるし、それ以前にそういうふうにしか俺はできませんっていう（笑）。歌を歌うときは一生懸命歌を歌い、絵を描くときには夢中になって描くという、そういう表現しか俺にはできませんということを、あのツアーでは素直に表に出していたと思います。

それは、「お客さんに対する信頼感が強くなってるということですね」と言ってくれた人がいたんですけど、けっこうな年数の間、ずっと見てきてくれているお客さんがたくさんいらっしゃいますから、そういうお客さんの「気」のようなものが新しいお客さんにもきっと伝わってるだろうという前提でやるしかないというのが、俺自身の正直な思いです。それを言葉で表せば「信頼」ということになるのかもしれません。つながってる、ということですかね。つまり、今回のツアーのサブタイトルだった〝縁～ＥＮＩＳＨＩ～〟ですよ。と、なんとなくオチがついたところで、また次回。

○月×日

ニューアルバム『ＳＨＩＮＥ』はときめいてる歌が多いです

ニューアルバム『ＳＨＩＮＥ』のレコーディングが終わりました。いいですよ。すごくいいです。だから、その話がしたくてしょうがないんですけど、どこから話そうかなあ……、っていう（笑）。

まず、今回の曲を見渡すと、ときめいている歌が多いように思うんです。恋にときめいていたり、仕事に、あるいは人生にときめいていたり。それはどうしてかというと……、俺自身がときめきを欲してるんでしょうね（笑）。

時代感みたいなものもあると思います。俺だってそういうものから逃げられないし、「時代はまさにときめきを求めている」という感じがしないでもない。ただ、人間が生きてきた世界はいつの時代も世知辛いものだったとも思うんです。所詮、諸行なるものは。そして、現代もまさにそういう感じだ、と。だからこそ、ついつい世知辛くなるところにうまく隠し味を仕込んで味がまろやかになるように言葉を選んでいるような気がします。それはアルバムタイトルのイメージにもつながる話で、SHINEとは光であるわけですが、それは連写で撮った写真に偶然写った光が一筋のラインになるような感じというか、霧の中で見えるフワッとした光。そういうものなんです。柔らかいんですよね。

色の話をすると、前作の『WHITE CANVAS』同様、白のイメージが強いと思います。白という色については、それこそ『WHITE CANVAS』をリリースしたときにたくさん話しましたが、今回の内容との関わりで話せば、絵を描く人間がパレットの上にいちばん大きく広げる色は何かと言えば白なんですよ。いろんな色を混ぜるときに、ちょっとだけ白を混ぜたりするから。絵の具の色をそのまま使うのはアブストラクトな絵を描く場合で、わりとていねいにというか、細かく色を使い分ける人は白を大きくパレットに出してるんですよね。今回のアルバムも、まさに俺の中のいろんな色を使い分けながら、いろんなタイプの曲を作りました。

俺は今年55歳になるんですが、死生観や自分の人生の長さ、あるいは自分のおやじがこの年齢のときにはどんなことを考えていたんだろう？　とか、そういうことを考えると、これまで「人生」と簡単に口にしていたけど、そんなに軽いものじゃないんだなということがやっとわかってきたということと、このアルバムでやろうとしたことは関わりがあるかもしれないという気がします。だからこそ、人生のいろんな波にもまれている人がこのアルバムを聴いたときに、〝このシチュエーションは今の私にぴったりだわ〟とか、〝こんなことが私の人生にあったらいいのに〟とか、そういうことを感じてもらえたらうれしいですね。

○月×日

薬師寺の山田法胤管主とお話をさせていただいてきました

先週、日本外国特派員協会のメディアルームというところで、薬師寺の山田法胤管主（当時）とお話をさせていただきました。なぜ、そんないかめしそうな場に出たかというと、来年4月から仙台市博物館で開催される東日本大震災復興祈念特別展「国宝 吉祥天女が舞い降りた！－奈良 薬師寺 未来への祈り－」のシンボルロゴをデザインし、またその展覧会のイメージソングを担当することになったからです。

この展覧会では、タイトルにもある「吉祥天女像」や「聖観世音菩薩立像」という国宝をはじめとする貴重な文化財の数々が展示されます。なかでも、「吉祥天女像」は年間に15日間しか公開されないもので、そういう文字通りの名宝が展示されるということだけでもこの展示会がいかに特別なものであるかわかっていただけると思います。

俺は思うんですけど、この「吉祥天女像」が描かれた時代は現代よりももっともっと情報がなかっただろうから、人々は宗教的な教えもものすごく純粋に受け止めただろうし、信仰心もずっとあつかったはずなんですよ。そういうことも含めて考えると、1枚の絵が1枚の絵に終わらなくて、なにかしらものすごい意味を持ったものだったろうし、しかも「ものすごく意味があるものなんだよ」という教えをみんながすごく素直に聞いていた時代だったと思うんですね。で、この絵がどういう役割を果たしていたかと言えば、体の具合が良くない人や心に傷を負ったり不安定な状態になったりした人たちが、これを見ることでありがたいという気持ちを感じたり救われるとか赦《ゆる》されるとか、そういう今ではあまり使われない言葉で表される気持ちを受け止めたりする的であり、同時にそういう心情をより純度を高めて送り出す濾過《ろか》装置だったんじゃないかなと思うんです。

もっと具体的に言えば、死ぬ間際とか、そういう究極の状態にある人に向かってどういう言葉を投げかけるのがいいんだろう？　ということを必死に考えていたのが昔のお坊さんなんじゃないかと思うんですけど、言葉だけよりもこういう絵や仏像があったほうがいいですよね。その究極の状態にある人たちの念を入れ込む対象が必要なんですよ。いろんな煩悩というか、人間的な願望や思いをキャッチャーミットのように受け止めるものをつくってあげることで、昔の人は本当に気持ちが安らいだんだと思うんです。もちろん、欲みたいなものだけじゃなく、悲しみや寂しさ、それに自然災害みたいなどうしようもないことに遭遇したときの行き場のない思いまでも受け止めてくれるっていう。そういう意味では、東日本大震災の被災者の方々もこの「吉祥天女像」を実際に見ることで救われることがすごくあると思うし、また他の地域のみなさんもこの機会に仙台方面にお出かけになってみるのもいいんじゃないでしょうか。そういう貴重なきっかけを与えてくださるのも「吉祥天女像」のご利益なんじゃないかなあと思います。

○月×日

GROUND ANGEL、2014年のテーマは〝COEXISTENCE〟

今年のGROUND ANGELのテーマは、COEXISTENCE＝共存です。

みなさんは、共存という言葉を聞いて、どんなことを連想するんでしょう？　俺自身は、〝今の世の中を見ていて何か言葉を掲げるとすれば、やっぱりこれだな〟という感じです。

というのも、最近は知らされるべきことが知らされていなかったり、隣の人が何をやってるのかわからなかったり、みたいな事件が多いでしょ。政治に関しても、透明なような、不透明なような、よくわからない感じで、世の中全体が乳白濁状態っていうか。隣に人がいるのはわかってるんだけど、よく見えないからなんとなく不安を感じているっていう、そういう時代であるような気がするんです。だからこそ、人がいると感じたら、その人と手だけでもつないでみるとか、ちょっと声をかけ合ってみるとか、そういうことが必要であるような気がするし、そういうことから共存ということが始まるんじゃないかと思うんです。逆に言えば、すごく幸せに暮らしてるところでは「共存してるよねえ」と実感するような場面ってないような気がするんです。疲れてたり、世の中が冷えてたりするから、「共存してるよね」という言葉が出てきたりするんだと思うんですよ。だから、俺も含め、いま共存という言葉にピンとくる人は、実際の暮らしの中で人と共存していないということなのかなとも思うんですけど。

言葉としては昔からある言葉だし、特に80年代の初め頃にはよく使われていたような気がするけど、それ以降しばらく使われてないなと思ってたら、いつの間にか切実な言葉になってしまってるというか、今は共存せざるを得ないような現実があるじゃないですか。それなのに、この地球上で共に生きているということを忘れてしまっているんじゃないかなと思わされることが少なくないですよね。自分たちのことだけに必死になってしまって、ものすごく小さな世界、あるいは小さな文化の中に閉じこもってしまってる。その小さな枠組みの中の話を熱く語られても、こちら側はまったくついていけないよっていう。

それは、国同士の話とか政治の世界の話だけじゃないですよね。あなたの周りにもそういう人っていないですか？　自分がいる世界をすごく愛していたり一生懸命であったりするのはよくわかるんだけど、その内容をこちらと共有しようというつもりがほとんど感じられない人、いるでしょ。そういう人や場面に出会うたびに俺は、共存していること、共存することの喜びをみんな忘れちゃってるんじゃないかなあと感じるわけです。

○月×日

高倉健さんが亡くなって、あらためて思ったんですけど……

いきなりですが、高倉健さんが亡くなられましたね。ある意味では、俺とは真反対のイメージの方だと思うんですけど(笑)、やっぱり時代は流れていくなあ、みたいな感じはしますよね。で、その訃報に触れてあらためて思ったことがあって、それはどこで最期を迎えるかということです。

俺たちの世代くらいまでは、おじいちゃんやおばあちゃんは家で亡くなることが多かったと思うんですけど、最近はだいたい病院か施設でしょ。ウチのおやじも施設で亡くなりました。それはどうしてかな？　と考えてみると、家で逝かれてしまうことがなんか嫌だったんですよね。おやじに対する愛情が少なかったとか、そういうことではないんです。俺の中に、なんだかわからない恐怖感があって、その恐怖感から逃げてたんだと思うんです。おやじが死んだ場所を毎日見なくて済むようにっていう意識がはたらいていたように思うんですよ。加えて、〝おやじも迷惑をかけたくないと思ってるだろうな〟と勝手に思い込んでる自分がいたっていう。でも、俺自身、この年齢になってちょっと具合が悪くなったりすると、〝もし死ぬんだったら、このベッドで〟とか〝家族に看取《みと》られて死にたいな〟とか、思ったりするんです。だから、おやじも自分の家で息を引き取りたかっただろうなと今にして思うんですけど、もう遅いですよね。

共存という言葉のなかには、（と、さりげなくGROUND ANGELの話につながっていくわけですけど……）死生観みたいなことも含まれていて、死生観というものは宗教や国によって違うけれど、一つだけ絶対的な共通点があって、それは「人は生まれて死んでいくものだ」ということですが、今の世の中はそこから逃げてますよね。CMを見ても「わたし60歳には見えないでしょ。40歳くらいに見えるでしょ」みたいな話ばかりで、それはつまり年をとって死んでいくということから目をそらそうとしてる。本当は、というか、俺としては、60歳は60歳のきれいさを楽しめばいいんじゃないのって思うんですけどね。

例えばキリスト教ならマリア像、仏教だったら仏壇、神道だったら神棚ってあるでしょ。あれは、死と生を接着剤のようにくっ付けてるものであるような気がするんです。しかも、昔はそういうものが何げなく、自然に、暮らしのなかにあって、子どもの頃は線香あげたりするのをおばあちゃんに言われて面倒臭いなと思いながらやってたのが、いつの間にか線香あげないと居心地が悪いような感じになってるっていう。そういうのが本当の信仰、信心というこ とのような気がするんです。GROUND ANGELがそうした気持ちを育むなんて大それたことは言いませんが、人にはそういう気持ちがあるということ、おじいちゃんやおばあちゃんはそういう気持ちを持っていたということ、そんなことを思い出すきっかけにはなれるんじゃないかなあと思っています。

○月×日

年の終わりにうれしい報告をさせてください

今年も本当にいろいろありましたけど、いちばん最後になって、うれしい報告を一つさせていただきます。GROUND ANGELが札幌でも開催されることになったんです。というか、正確にはすでに12月20日から始まっておりまして、21日のオープニングセレモニーには札幌の市長さんともども、出席させていただきました。

で、この札幌公演については「GROUND ANGEL in SAPPORO ～WHITE MINDS～」というタイトルにしました。〝in SAPPORO〟で十分かなとも思ったんですが、北海道の人たちが見て〝石井は北海道のことを考えて、こういうタイトルをつけたんだろうな〟と感じてもらえるようなタイトルでないと意味がないと思ったので。〝心〟とか〝気持ち〟という意味ならHEARTという言葉のほうがやわらかいんでしょうが、北海道で暮らしている人たちは、白という色に対してただただロマンチックな思いだけだろうか？　と考えると、やっぱり冬の厳しさを感じている人も少なくないと思うんです。そういう白い世界で生きる人々の気持ちというものを表現できたらいいな、ＭＩＮＤという言葉からそういう場所で生きているということを北海道の人たちは感じ取ってくれるんじゃないかなと考えました。

会場はレンガ造りの北海道庁そばの目抜き通りに建つ商業ビルで、そこにオブジェがポン、ポン、ポンと置いてあるので、とてつもなく目立つんですよ。最近は南半球から北海道に観光でやって来る人がすごく増えているようですが、例えばオーストラリアの人が俺のエンジェルを見たらどう思うのかな、なんてことにも興味があります。日本人が創るエンジェルというのは、西洋のそれとはちょっと違うところがあるような気がするんです。西洋では、基本的にはキリスト教の中のキャラクターという感じですよね。それが天女になると、日本にもいる感じがするでしょ。空を飛んでるし、神様のお告げを持って来る存在ですから。だから、俺は天使を創ろうとするわけだけど、出来上がりを外国の方が見ると天女に近いものを感じるかもしれない。俺は〝洋〟のつもりで作っているけれど、海外の方は〝和〟を感じるかもしれないです。

もちろん、日本の方々にも見ていただきたいんですよ。例えば丸の内で見るのとはまた違った感じがするでしょうし、年明け12日までやってますから、時間があればぜひお出かけください。

最後になりましたが、今年も1年間ありがとうございました。来年もよろしくお願いいたします。みなさん、良い年をお迎えください。

2015 BETWEEN AND 2016

第3章

ちょい昔

○月×日

2015年の「あけましておめでとうございます」

あけましておめでとうございます。今年もよろしくお願いいたします。

もう7日ですから、仕事もすでに始まっていて、すっかり通常モードで働いてますという方もけっこういらっしゃると思います。でも俺は、いつも言ってる通り、あまり季節感のない生活をしてますから（笑）、正月休みとは言っても一人で〝ああしようか、こうしようか〟と、いろいろと思いを巡らせておりました。年末に札幌のGROUND ANGELにお出かけくださった方からのメールも届いたりしていて、そういうことがまた新しいことを思い立つきっかけになったりするわけです。

そう言えば、「GROUND ANGEL in SAPPORO」の開催にあたって、いろんな関係者の方々とお話しする機会があり、そこではもちろんGROUND ANGELの主旨や俺がどんな気持ちでやってきたかということをお話しすることもあったんですけど、それに対して「13回も続けるなかでは、石井さんにとっては当たり前のことを何回も繰り返し説明されてきたんでしょうね」と、おっしゃる方がいました。そう言われてみて初めて、〝確かに、GROUND ANGELの主旨を繰り返し話してきたなあ〟と思ったんですが、逆に言えば、そう言われるまで俺のなかでは同じことを繰り返してるという感覚はありませんでした。毎回毎回、本番に向けて必死にやっていくので、俺自身は毎回違うことをやっているような気になるんです。テーマも毎回違うし。で、繰り返していると思った瞬間に多分飽きてしまうでしょう。でもチャリティーというジャンルは、飽きてしまうということは許されないですよね。

〝繰り返しだろうがなんだろうが、俺がやりたいからやってるんだ〟という気持ちもあります。最終的には〝これが誰かのためになればいいな〟ということなんですけど、それにしても自分のためにやっているところがあるんですよ。俺はあくまでもアーティストなので、ということはやっぱり〝我〟というものが必要なんです。そういう意味で、GROUND ANGELをやっているときもアーティスト然としていたいなと思ってるんですよね。やりたいから、やってるんだっていう。

○月×日

今年はデビュー30周年のアニバーサリーイヤーです

今年は米米CLUBでデビューしてから30年目のアニバーサリーイヤーです。と、いきなりドーンと始めてみましたが、あまり難しいことは考えてないです。とりあえず、新しい石井竜也がそこにいるとみんなに思ってもらえるようなことをやってみたいとは思っていて、ちょっと計画は進めてます。ただ、〝みんながやってほしいこと〟というのもあるだろうから、そこはやっぱり大人にならなきゃいけないとも思ってますよ。

若い頃と違うのは、案配とか加減とか、そういう言葉で表されるような具合だと思うんです。良い加減というものがわかる年齢になっているから、新しいことは見せるんだけれども、〝こういうことはちゃんとやってあげなきゃ〟ということについてはバランスをとる。自然とそうしてしまう、というか。30年という時間は、人間をそういうふうにプロフェッショナルにしていく時間なんですよ。だから、今の時点では〝俺はこんなこともできるんだぜ!〟みたいなことを考えてはいるけれど、最終的には〝みんなが求めているこういうところはちゃんとやろう〟というふうに調整してしまうでしょう。だからこそ、今はできるだけ先鋭的なことを考えてればいいと思ってるんですよね。

先鋭的なこと、過激なこと、とひと口に言っても、何が過激かというのは言うまでもなく人それぞれです。それでも、一つ言えるのは、俺たちがやってる表現の世界においては結局は自己愛で完結していないと駄目だってことですね。「自分のこと、大好き!」と言えなきゃ、やる意味がないんですよ。だから、自分なりのナルシシズムというのはずっと追求していくんだろうと思うんです。その上で、そこに年齢が加わってくると、〝人は今どういうことを考えてるんだろう?〟というようなことを考える余裕ができてくる。それが、さっき言った「加減」や「案配」ということにつながっていくんでしょうね。

そういう意味で、今年どういうものを出していくことになるのか自分でも楽しみなんですよ。同じことをやろうとしても、多分20年前、10年前とは全然違うものになったりするんじゃないですかね。果たして、どうなることやら。

ちなみに、ここ数年の俺のプロジェクトは白がベーシックな色になっていましたが、今年は赤がイメージカラーになると思います。血の色であり、日本人はどういうわけか太陽も赤で描くし、情熱的な色だし、人を興奮させる色でもある。過激な色でもあるし、熱い色でもありますよね。

石井の30周年は赤です。

○月×日

今年もやります、「ART NUDE」。サブタイトルは〝古ーINISHIEー〟です

30周年のアニバーサリーイヤーが始まって、早くもひと月が過ぎようとしています。月並みですが、時の流れは早いですね。特に、最近の俺はアルバムづくりに集中しているので世間の様子にも疎くなりがちで、気がついたらアニバーサリーイヤーが終わってた、なんてことになるかもしれません(笑)。が、それもまずいので、さしあたっては4月に行う「ART NUDE」がみなさんと直接お会いする、今年最初の機会になりそうです。

「ART NUDE」は、ご存じの通り、去年12年ぶりにやってみたわけですが、なぜ急にまたやりたくなったのか、じつは自分でもわからないんですよね(笑)。

ただ、一つ思うのは、俺は小さい頃から絵を描くのがすごく好きで、本当は絵描きになりたくて東京に出てきたのに、幸か不幸かバンドで大成功してしまって、絵を描く時期を逸してしまった男ですけど、そんな俺が失った時間を取り戻すように後戻りして……、あるいは新たに始めようとしているのか自分ではわからないですが、とにかく自分の本質みたいなものをステージの上で見せてしまえと思えたこと、それは良かったなあと思ってるんです。

去年ご覧になった方からよく聞かれたのは「どんなことを考えて絵を描き始めるんですか？」ということですが、そこについてはあまり深く考えないようにしています。その時々、その瞬間に感じることを描くっていう。だって、今の世の中どうなるかわからないし、俺自身も1時間後にはどうなってるかわからないでしょ。つまり、人の人生というものは「こういう予定なんです」と言ってても、なかなかその通りにはならないですよね。絵の具も同じで、〝そこには流れてほしくないのになあ〟と思っても流れていっちゃったりする。だから、そこでがっかりしたとしても、すぐに〝そうなっていいんだ〟と思い直さないといけないんですよ。そうなってほしくないところに流れていったり色がついてしまったりしたときに、昔は〝失敗した！〟と思って、その気持ちを隠しながらやってたんだけど、今は〝ああ、そう来るのね〟みたいな感じで、〝だったら、こっち側にもそれと同じような感じでやってみよう〟っていう。自分で描いているんだけれども、何かに描かされているような感じもあるんですよね。

ちょっと角度を変えて話すと、前は一生懸命ショーにしようとしている自分がいたんですが、今はむしろ自分でもわかっちゃ駄目というか……。人がわからないようなものをわざと描いているというつもりはないけれど、設定された時間のなかで描けるものは限られているから、となると人にわかってもらうどころか、自分が理解しようとか納得しようとか、そういう意識までも捨てないとやれなくなっちゃうんですよね。

なんだかお坊さんの修行の話みたいですけど（笑）、「ART NUDE」の話ですよ。

というわけで、今年もやります。今年のサブタイトルは〝古－INISHIE－〟です。

○月×日

30周年のアニバーサリー企画第1弾は、俺自身も楽しみな2タイトルの同時リリース

30周年のアニバーサリー企画第1弾は、3月25日にベストアルバム『石弐～Best of Best～』とライブDVD「TATUYA ISHII CONCERT TOUR 2014『PEGASUS』」を同時リリースということになりました。

ベストアルバム『石弐～Best of Best～』は、選曲についてみんなに投票してもらったりして、その中身をすっかりファンに委ねたつくり方をしたので、俺からすると「ファンが俺をどういうふうに見ているのか」、あるいは「俺を好きだと思ってくれてる人は俺のどういうところが好きなのか」といったことを確認できる機会にもなりました。

アーティストとファンが互いに抱いているイメージはじつはすれ違ってるということがけっこうありますけど、それって例えばスーツを選ぶ場合と同じじゃないかなと思ってるんです。あるスーツを買うときに、自分では〝あのモデルさんみたいに、自分も着れるんだろうな〟と思って買うんだけど、いざ着てみると、〝スーツに着られてる〟みたいなことになってたりするでしょ（笑）。世の中で出回っている情報やイメージは、えてして表面的だったり一面的だったりするわけで、それが似合う／似合わないとか、しっくりくる／こないとか、そういう実質や実体に関わる部分の評価というのはすごく個人差がありますよね。同じように、俺の歌についても合う人と合わない人がいると思うし、しかもスーツに例えて言えば〝好きなんだけど、自分ではちょっと着れないかなあ〟という感じで気に入ってくれる人もいれば、逆に〝この歌、大嫌いなんだけど、なんか耳に残るのよね〟という感じで聴き込んでくれる人もいるかもしれない。そういうふうに、好き／嫌いというポイントですくい上げても、いろんな感じ方があると思うんです。

で、話は飛ぶんですが、去年の暮れに、その名もズバリ『THE ROLLING STONES』という写真集が出たんです。とてつもなくデカい本で、〝こんなの重くて、持ってられねえや〟と思って買わなかったですけど（笑）、これまでの活動のなかでボツにしてしまった写真とか、そういうものを集めて1冊にまとめたものです。もちろん、有名な写真も入ってるんですけど。で、それがやたらカッコいいんですよ。表情がね、ボツになったカットだけあって、自然というか、中途半端な顔をしちゃってるんですが、そのせいで彼らの本性が見える結果になってるんです。〝この人たちは本当にカッコいいんだな〟っていう。ステージでかっこつけてる彼らのほうが逆にカッコ悪く感じてしまうくらい、この人たちは本当にカッコいいんだと思ったんです。

同じ意味で、みんなの投票をもとに構成した今回のベスト盤からは、例えばステージ上で一生懸命歌っている〝石井竜也〟が見えてくるのか、あるいはステージが終わった後の素顔の〝石井竜也〟が見えてくるのか、そのあたりもすごく楽しみです。

ライブDVD「TATUYA ISHII CONCERT TOUR 2014『PEGASUS』」も忘れちゃいけません。これ、本当に面白いですよ。いままでのライブが暗く感じるくらい（笑）。〝ひとりタカラヅカ〟の権化のような映像作品になりました。俺は見てて、笑いが止まらなかったですね。何がおかしいって、ええかっこしいの男がホントにバカなんじゃないかと心配するくらいバカなことをやっちゃってる（笑）。これぞ〝石井竜也〟ですよ。実際、そういうところにみんな面白みを感じてるんだろうし、同時にそこには危うさというか石井竜也という人の狂気みたいなものを感じたりもするんだろうし。

その〝石井竜也〟については、〝実像の石井竜也はもうちょっと二枚目なんだけどなあ〟という気持ちもじつはちょっとあるんですけど（笑）、俺はプロなので。アマチュアだったら、無理してそういうことはやらないですよ。でも、無理するのも時々はいいことがあって、新しい自分を発見したりするんですよね。無理しないと、新しい発見はなかなかできないです。「無理しないで、自然にやっていきます」というのは、言葉としてはいいように聞こえるけれど、それはその人ができることしかやらないということですから。そうじゃなくて、陰ではいろいろ厳しいことをやってるんだろうなとそこはかとなく感じさせてこそ、みんな納得するんだと思うし、そういうありようが「アーティストが血を流す、汗をかく」ということだと思うんですよ。ステージの上で汗まみれになることではない。ステージではむしろ思い切り自分に素直になって、本当に楽しめばいいと思ってますね。そういうのがカッコいいと思うのは俺だけで、まったく一般的な考えではないかもしれないですが、俺自身はこれからもそういうアーティスト像をこそ旨としてやっていきたいと思っています。それにやっぱり勉強というのかなあ……、その言葉しか思い浮かばないから勉強と言ってしまいますが、そういうことはやり続けないといけないですよね。でないと、いろんな意味でどうしても劣化していってしまうし、それになにより新しい自分に出会っても気づかないと思うんですよ。それは、俺自身がつまらないですから。ただ、誰もが考えるようなありようで〝アーティストのカッコよさ〟をまっとうするなんてことはやろうと思ってないですよ。だって、アーティストが、アーティスト然とした顔をして、アーティストっぽいことをやって、アーティストっぽいステージの上にアーティストっぽく立ってるというのは、辞書にも載ってそうなことじゃないですか。それはそれで俺も認めてはいますけど、とりあえず俺にはできないなっていう。俺はむしろ、〝軽くやっちゃってるなあ〟くらいに見られるのがちょうどいいです。〝がんばって、やってるんだろうな〟と思われたらおしまいという気さえしますね。

ところで、このライブDVDとベストアルバムに関する取材を受けると、当然のように30周年の話にもなるわけですが、ちょっと感慨深く思うことがあるんです。というのは、俺自身は30周年で自分がやってきたことを振り返るという意識よりも、このタイミングでみんなに新しい自分を見せたいという思いのほうが強いので、30周年を振り返る言葉は何も用意していないんです。でも、取材してくれる方はいろんな言葉を用意されていて、そういう言葉たちに触れて、それでハッとするっていう（笑）。そういうやりとりのなかで30年という時間の重みを感じるんですよ。30年って、やっぱり短くないですよね。でも俺は、振り返ってしみじみしたりは絶対しないですけど。

○月×日

4年目の3・11

あの日から、今日でまる4年がたちました。東北の復興は、進んでいると言えば、確かに進んでいるとは思います。ただ、物品の復興の進みということと、精神的なものの復興の進みというのはまったくスピードが違うので、どちらか片方に重きを置くということのないようにしないといけないと思うんです。例えば政治家はインフラをきちんと整える、と。一般の人たちは精神的なところをみんなでケアし合う。そういうことを日本人が東北に向かってちゃんと発信していったほうがいいですよね。政治家にはできないことって、やっぱりあるから。「政治家が悪いんだ！」とよく言いますけど、政治家もやってることはあると思うし、政治家にしかできないことというのがあるから、彼らはそれを一生懸命やってくれればいいんです。道を通したり鉄道を復活させたり、何もなくなってしまったところを整備して公園を造ってあげたり。そういうことですよね。逆に、民間がやったほうがいいこと、民間にしかできないことが絶対あると思うんです。例えば、東北に旅行して、ゴハンを食べに入ったお店で「おばちゃん、どう？」とかって気軽に話すとか、そういうことですよ。俺は、そういうことも十分復興に寄与していると思うんですよね。

東北の人たちにしてみると、3年目までは生きるのに必死だったと思うんです。1年目はとにかくあの状況でしたからね。2年目にやっと仮設住宅ができてきて、寒さがしのげるようになり、3年目になると新しく家ができたりアパートが建ったりして、多少落ち着いてきたところで4年目になって〝あっ、おばあちゃんは亡くなったんだなあ……〟って。そういう感じなんじゃないかなと思うんです。3年間は、とにかく生きること、生きる場所を確保すること、それだけで手いっぱいで、考えてる余裕なんてなかったと思うんです。それが4年目になって、ちょっと落ち着いてホッとひと息ついた瞬間に何を思うのか？　そこで、いろんな立場の人がいろんな意味で東北の人たちをサポートしてあげる体制を民間が整えていくような形を進めていくことによって、じつはこの国全体も活性化するような気がします。だから、「4年たったから、そろそろみんなで東北に行こうよ、東北で生きている人たちと話そうよ」というような運動が起こってくれるといいな、と俺は思ってるんですよね。とりあえず東北に出かけていって、楽しんでくる。で、みやげの一つも買えば、それは確かに復興に役立つんですよ。俺はそういうことだと思うな。

で、俺はどうするかと言えば、それはもう東北の人たちだけでなく、みんなにいつでもワクワクしてもらえるようなことをずっとやり続けていくしかないと思っています。

今日ばかりは、最初から最後まで冗談抜きの石井でした。

○月×日

薬師寺・東院堂で顔魂の展覧会をさせていただきました

3月に薬師寺・東院堂という、その建物自体が国宝なんですけど、そこで顔魂の展覧会をやらせていただきました。この展覧会には、去年の「ART NUDE」で描いた絵も展示されたんです。ツアーに来てくださった方はご存じだと思いますが、去年も一つ前の公演で描いた絵を次の公演の会場のロビーで顔魂と組み合わせて展示するということをやりました。その組み合わせた形で、東院堂でも展示したんです。その組み合わせの展示には、薬師寺の僧侶の方たちが「昔からここにあったみたいですね」と驚かれていました。去年の「ART

ＮＵＤＥ」で絵を描いてる時点ではこの展覧会の話はまだなかったですから、あの空間との調和を意識するなんてことはできないわけで、自分でも不思議なんですが、確かに東院堂という独特の空間に見事におさまっていたように思います。

顔魂というのは、そもそもはダルマであるものを自分が好きなようにつくり変えていくわけですが、それにしてもダルマの丸さというのはどうしようもなかったりするんです。そのどうしようもないことを、自分の作風とか、そのときの精神状態とか技術とか、そういう要素を積み重ねて、ある一つの方向に収斂《しゅうれん》させていくわけで、それは結局、仏像づくりと似たような作業になっていくんですよ。仏像は、本来は宗教物ですが、今となっては最高級のアート作品でもあります。対して顔魂は、アート作品としてつくってるんだけれど、どこかの時点で一線を越えて宗教的な力を得ているというか、どこかで仏像とつながってるところがあるような気がします。つまり、それぞれの行き先が途中で交差するというか、同じところに行き着くというか。そういうものだからこそ僧侶の方々が「昔からずっとあったみたい」と感じられたんじゃないかなと思っています。

アート／宗教という枠を超えたところで、アーティストと僧侶が似てるなあと思うことが一つあります。アーティストも僧侶も、自分のためにやってるところもあるわけですけど、その自分のためにやってることが、あるとき、人のためになったりする場合もあるわけです。アーティストも僧侶も、自分で自分のことを、ある意味ではマゾヒスティックに鍛えていくというかいじめていくんですけど、それが修行ということにつながっているわけだし、自分で自分を鍛えることによって初めて自分が何を目指しているのか、何をやりたいのかということを知るという点は相通じていると思う。そういう意味で、僧侶になるための修行を重ねていくことと作品を一つひとつ作っていくことは似てるかもしれないなと思うんですよね。どちらも、終わりがないし。

もちろん、人間の出来ということで言えば、比べるべくもないことがほとんどだろうけれど、ある種ベクトルは同じ方向を向いてるのかな、なんて畏《おそ》れ多いことを考えている石井でした。

○月×日

金沢の大樋焼《おおひやき》十一代目の工房に行ってきました

5月にまた、金沢・大樋焼の第十一代大樋長左衛門先生の工房に行ってきました。

俺としては、3月につくったものの仕上げをやらせてもらおうと思って出かけたんですが、先生が「面白いものをつくってるんだから、どんどん新しいものをつくりなさい」と言ってくださって、それは俺も望むところなので、また新たにいろんなものをつくってきました。

相変わらず先生は俺のつくるものを面白がってくださったんですけど、同時に「この窯場で、これくらい自分のやりたいことをやりたい放題やった人間はいない」とも言われました。

多分、怒られてるんだろうなあと思いながら聞いてたんですけど（笑）。

俺自身は最初、とにかく音楽と違うことをやってみて、心の洗浄というか、垢《あか》を落としに行くような感覚で、写経に臨むような気持ちで出かけました。でも2回目からは、〝とにかく作品がつくりたい。つくりたくてしょうがない〟ということしかないですね。

まずは器をつくったんです。大樋焼きはシンプルな器に一つの魅力があって、俺もその良さを学びたいと思ってましたから。俺は夢中になってつくってたんですが、先生には面白くなさそうに見えたんですかね。あるとき、「もういいよ。好きなことをやりたいんでしょ。好きなものをつくればいいよ」と、おっしゃったんです。それで、お面をつくったら、先生が「キミは何者？」みたいな話で（笑）。

俺は顔魂をつくってますから、粘土の扱いは一応わかってるんです。例えば大樋焼きの土は中に空気が入っちゃうと焼いたときに割れてしまうので、あとから土をくっ付けるようにしてつくるということはしないんです。くっ付けると、そこに空気が入っちゃうから。そうじゃなくて、「ひねり出し」というんですが、一つの土の塊からひねって形をつくり出していくんです。そこを、先生がいちばんびっくりされてたんです。そういう全体の立体的な構成を考えてつくっていくことは、デッサンができない人にはできないことですから。しかも、俺は30分くらいで一つの作品をつくっちゃうんで。

それに、俺は道具を使うのが嫌いなので、全部指でやるんです。なぜ道具を使うのが嫌いなのか、それはわからないんですけど。とにかく自分の手でつくるから、出来上がるものはどこか一貫性があるんですよね。お面をつくってても花器をつくっても、なんでも結局は「全部、俺の指でつくってるから」ということなんです。だって、この指が入る、あるいは届く範囲でつくるしかないわけだから。そのことを大樋先生が「面白いねえ」とすごく言ってくださるんですよね。

○月×日

30周年記念アルバムはこんな気持ちでつくりました

8月も半ばを過ぎ、ということはいよいよニューアルバムの発売が近づいているということでございます。『STONE』。すごいタイトルですよねえ。ストーンと覚えられちゃう、なんちゃって……。やっぱり、これだけ暑いと疲れも出てきますよ。どうも切れがないっていうかねえ。

でも、ニューアルバムの内容は全然疲れてないですよ。2枚組全26曲。これだけのボリュームなのに、全然飽きさせないですから。1枚目を聴いても2枚目を聴いても、それぞれにちゃんとした作品になってて、でも2枚通しても全部スラーッと聴けるっていう。もっと言えば、途中であまりにも気持ちいいんでちょっとウトウトしちゃうような、そういう仕上がりになっております。

で、スタッフから相談されたんですよ。「このアルバムを紹介するのに、どういう言い方がいいですかね？　単純に30周年記念アルバムです！　というのもつまらないですよね？」って。ホントに聴きどころ満載のアルバムなので、相談したくなる気持ちもわからないではないですけど、俺からすれば、どういう言い方もこういう言い方もなくて、「30年歌い続けてきた男がつくるニューアルバムはこういうものなんだよ」っていう。そういう、単純なことだと思ってます。〝ここまでやってきた集大成を聴かせます〟みたいなことは、『WHITE CANVAS』や『SHINE』でやりましたから。

ただ、今回は恋愛のアルバムですよってことは感じさせたかったんですよね。説教臭いものよりも、「オマエだけだ！」みたいなものというか、単純なものをみんな聴きたいんじゃないかなあと思って。ロマンチックで、どこか強引なところがあって、でもちょっとクセがあって1回聴くと忘れない、みたいな（笑）。その上で、なんとなく色恋沙汰のアルバムなんだなというイメージで受け止めてもらえれば、それでいいやっていう。

もっとも、出来上がってから振り返ってみたときに、このアルバムでいちばん俺が表現したかったのはひょっとすると「バリバリですよ！」ということかもしれないと思いました（笑）。イメージは「金鉱掘り」なんです。とにかく掘り続けてるっていう。死ぬかもしれないけど、それでも掘って掘って、掘りまくって、欲しいものを見つけてやるっていう。「わたし、ダイヤモンドを掘り当てました」とか言って、にっこりしてるような人はもう、それでおしまいじゃないですか。行き着いたと思っちゃ駄目なんですよ。俺自身、一度おしまいになった人間ですからね。米米でとんでもないヒットも作っちゃって、あれって一つのおしまいだと思うんです。それでソロになって、俺が求めたのはとにかくつくり続けるということです。それが、俺はいちばん楽しいですから。

○月×日

「ARROWS HEAD」ツアーの最中に56歳になりました

30周年ツアー「ARROWS HEAD」の最中に56歳になった石井でございます。ずいぶん時間がたってしまいましたが、誕生日にはたくさんお祝いのメッセージをいただきましたことを、この場を借りてお礼申し上げます。

いきなりあらたまった調子になっちゃいましたけど、50代半ばを過ぎてもなおというか、過ぎてますますというか、今回のツアーでは最初から最後まで突っ走るライブをやってます。しかも、本数を重ねるほどに、その突っ走り具合は激しくなってます。そうしようと思ってそうしてるわけではないんですけど。ツアーが始まる前は、自分で考えたセットリストを眺めながら〝こんなの、やれるのかな？〟と思ってましたが、その一方で30年応援してきてくれた人たちに俺ができることはみんなの前で必死になって汗かいて自分をさらけ出すということだろうとも思ってました。それがすべてであって、それ以外は装飾物でしかない。技術とか声も関係ないかなって。で、始まってみると、どんどん突っ走ってるっていう（笑）。歌ってるときも、うまく歌おうなんて、いっさい考えてないですね。感動してもらおう、なんてことも思ってない。とにかく歌いまくるっていう。声の出る限り、すべてを出しきって歌う。その姿を見せる。それが、今回の俺のエンターテインメントです。

シンプルですよね。そういうふうにやれてることが、30年やってきた証しなんじゃないかなと思うんです。そういうふうにやれる自信もあったし、みんなもそういう俺を待ってくれてると思うし。もちろん、今回のステージの中には30年の経験や知識もいろいろと反映されているけれど、いちばんコアの部分にあるのは体をはるという意識です。今回のツアーは本当に真っすぐに、シンプルに、石井竜也という人間を出せてるというか、出していると思いますよ。30年やってきた石井竜也というのはこういう男ですって。

〇月×日

30周年の武道館コンサートは俺なりにしっかり仁義を切らせてもらいました

10月21日の30周年記念武道館コンサートから今日でちょうど2週間ですが、俺のなかではもうずいぶん昔の出来事のような気がします。どうしてかな？　と思うんですが、それは予想してた以上にというか、とにかくすごく温かい30周年記念コンサートになったんで、俺のなかで〝美しい思い出〟みたいな感じになってるのかもしれないですね。

ああいう温かいコンサートになったのは、もちろんお客さんの思いがあったからだし、スタッフもすごくがんばってくれたわけですが、だからこそ俺も自分なりのやり方でしっかりと仁義を切るということをやって良かったなあといよいよ思うんですよ。義理人情とか言うとクサイ話になっちゃうかもしれないですけど、やっぱりそこははずせないですから。俺は56歳の男なんだし、古い人間でかまわないと思ってるから、別になんと言われようとかまわないんだけど、仁義を切るべきときにはちゃんとやるっていう。30年見てきてくれた人も去年ファンになったという人もいただろうけど、その長さは関係なくて、とにかく平日のあの日にみんな苦労して時間をつくって、来てくれたんだと思うんです。そういう人たちに対しては、俺としてはとにかく必死になってやってる、その姿を見せるのが30年やってきたアーティストの仁義なんじゃないかなと思うし、そこだけはしっかりやりきれたんじゃないかと思ってるんです。

その〝自分のやるべきことをやりきる〟というところに入り込んでたから余計に、スタッフのああいうサプライズにはやっぱり〝コノヤロー〟と思いましたよね（笑）。だって、鼻水が出ちゃいましたから（笑）。この年になると、涙腺以上に鼻が弱くなってるんですよね。俺も一応は、自分が想像もできないようなことが仕掛けられていたりするんだろうなと覚悟はしてましたが、あんなにすさまじいとは思いませんでした（笑）。

○月×日

GROUND ANGEL、2015年のテーマは〝EMPATHY〟です

パリで大変なことが起こってしまいました。亡くなられた方々に、謹んで哀悼の意をささげます。その上で、俺はGROUND ANGELの意味をあらためて考えてしまいました。テロは絶対に許せないことだし、同時に「目には目を」みたいな感情が高まるのもすごく危険です。シリアにはすでに空爆などで亡くなっている人がたくさんいるし、戦場のような状況のなかで暮らしている子どもたちもいるわけですから。ただ、その一方で〝あのパリのホールに家族がいたら、どういうふうに思い、行動するだろう？〟と考え込んでしまう自分もいます。〝もしかしたら、俺は戦争を容認してしまっているのかな？〟って。自分の家族が襲われて、それでも黙っていられるかっていうことですよね。それは、きれいごとじゃないから。

俺は思うんですけど、いまは世界中が一生懸命〝和平〟をしてるという状況なんじゃないでしょうか。ここで言う〝和平〟というのは、戦う意思はあるんだけれど、一応和やかな空気を繕おうよっていうことです。

時代というのは、言葉では表しにくいムードだったり雰囲気だったり、あるいは微妙な震動のようなものとして感じられるものだと思うんですが、何か嫌な予感みたいなものが積み

重なってくると、人はやっぱり平和ではいられなくなってくるんじゃないかなあ。〝何かが起こるんじゃないか？〟という不安が頭の片隅にずっとこびりついていると、どうしても変にピリピリしちゃうでしょ。それで、例えばちょっと仕事をたくさん課されると「そんなこと、できないわよ！」と、いきなりキレちゃったりするんですよね。人というのは、そういうふうに蓄積された不安で爆発するんです。しかもそれは、人間同士の摩擦や国同士の摩擦だけが原因ではないような気がする。自然災害とか社会の仕組みの不合理とか、いろんなことが重なって、そういうふうになっていくと思うんです。で、みんながそういう感覚をなんとなく感じているから、逆になんとか和やかに見せようとしている。そういう時代なんじゃないかなという気がします。

だからこそ、15分だけでも他人の身になって考えてみませんか。

あらためてその気持ちを込めて、今年はGROUND ANGELのテーマに〝EMPATHY〟という言葉を選びました。その言葉を辞書で調べると、「感情移入。人の気持ちを思いやること」なんてふうに説明してあると思います。SYMPATHYという言葉と似てますよね。でも、SYMPATHYは「共感する」、つまり「自分もあなたと同じ気持ちです」みたいなニュアンスですが、EMPATHYは〝自分の気持ちはちょっと置いといて、まずは相手の気持ちになってみましょう〟みたいな感じです。

海外ではそういうことを宗教の力で教えたりするところも多いけれど、日本人は宗教でもなんでもなく、人の気持ちのなかにすでにそういうものが入ってますよね。お年寄りが何か大きな荷物を抱えていたら、「おばあちゃん、大丈夫?」と声をかける気持ちとか、普通に持ってるでしょ。言われたほうも、荷物をひったくられるんじゃないか、なんて思わないし(笑)。それは、すごいことだと思いますよ。

そういうことまで含めてというか、そういう気持ちのありようをEMPATHYという言葉で表しました。ちょっと考えてあげれば、もっと優しくなれるのにっていうことですよ。毎日の生活の中には、そういうことっていっぱいありますよね。その「ちょっと考えてあげれば」のきっかけに、今回のGROUND ANGELがなればいいなと思っています。

○月×日

2016年の「あけましておめでとうございます」

あけましておめでとうございます。今年もよろしくお願いします。

俺のなかではすでに昨年末から新しいシーズンが始まっていて、〝絶賛進行中!!〟という感じですが、新年1発目の今回はやはりこの1年の意気込み、いまの時点で考えていることをご紹介したいと思います。

と言いながら、〝今年はこういうことをやろう！〟みたいなことはもうあまり考えないように最近はなってて、それよりも大事なのはその場その場の、あるいはその時々の空気感ということだとすごく思うんです。「空気を読む」というのとはまったく違う話で、俺が言いたいのは世の中の空気を感じるということです。俺たちの仕事の80％はそれじゃないかなとさえ思います。逆に言えば、それをしないのは失礼ですよ。普通に暮らしてる人たちの前で歌ったりしゃべったりするのに、世の中の空気をわかっていないでやるというのは。それに、世の中の空気を感じてなかったら、いくら面白いことをやってもみんなの気持ちに響かないですよね。だから、俺がこれから心がけるのは、その場その場の、あるいはその時々の空気感にしっかり自分をなじませるということですね。その上で、みんなを驚かせたり、うっとりさせたり、ハラハラさせたりするということになるんだと思います。

もっとも、例えば驚かせると言っても、いろんなやり方がありますよね。美し過ぎて驚くということだってあるだろうし、あまりにおどろおどろしくて驚くことになるかもしれないし。だから、基本は石井竜也にしかできないことを追求していくということなんだと思うし、それがいまの俺の使命だと思ってます。

少し具体的なことを言えば、いわゆる普通のコンサートツアーに関しては、落ち着きのないコンサートをやりたいです（笑）。オーケストラコンサートや「ＡＲＴ　ＮＵＤＥ」で落ち着いた感じの音楽は聴いてもらえますから、普通のコンサートのほうは理屈抜きに楽しめるようなものをやりたいな、と。そういうコンサートは、体が動ける間でないとできないし。だから新曲も、そういうコンサートに似合うような曲を作りたいなと思っています。

○月×日

「ART NUDE」、今年のサブタイトルにも深い意味があります

「ART NUDE」のコンサートは4月16日の福岡からスタートします。今年のサブタイトルは「礎－ISHIZUE－」です。去年のINISHIEと似てるじゃん！と思ったあなた。それはそれで、その通りです。ただ、それがこのタイトルになった理由ではありません。当たり前じゃないですか。こう見えても、けっこう考えてるんですよ！という話は置いといて、「礎－ISHIZUE－」ですよ。

俺たちは「ご先祖さまがやってくれたんだ」とか簡単に言っちゃいますけど、いろんなことがここまで来る道のりは大変なことだったと思うんです。そのことはしっかりと心に刻まなきゃいけないですが、ここからも大変なんだと思うんですよ。いまの人たちが、ご先祖さまよりも苦労していないとは、決して言えないと思います。むしろ、昔より大変なところもあるんじゃないでしょうか。

そういう時間の流れのなかで、俺たちはいま〝礎〟の上に立ってるわけですよ。ということは、俺たちもちゃんと〝礎〟にならないといけないんですよね。だって、次の世代は俺た

ちがつくった〝礎〟の上に立つわけだから。そういうふうに考えていくと、この言葉が未来に向けた言葉でもあるということをわかっていただけると思うんです。何百年も前の人たちがつくってくれたものの上にただ乗っかってるだけだと思ったら大間違いで、それを守りながら俺たちは生きていくんだし、なおかつそれを継承していかなきゃいけなくて、それは大変な責任のあることとですよね。それを忘れてしまうと歴史を止めてしまうことになるんだから。言ってしまえば、いま生きてる人までが、いまの〝礎〟なんですよ。「昔の人は偉かったよなあ」とよく言いますけど、俺たちも偉いし、一生懸命がんばってるんだから、そういう自分たちに自信を持っていいと思うし、その自信も守っていかなきゃいけないと思うんです。

○月×日

5年目の3・11、俺はキラキラした新作に取り組んでいます

あと2日、3月11日を迎えるとあの日から5年となります。

あの日から時が止まってしまったままの方や仮設住居などで厳しい状況のなか、過ごしている方がまだたくさんいらっしゃいます。及ばずながら自分にできることは何かないだろうかと考え、今年は薬師寺さんの法要に参加させていただき、週末にかけて東北に出向かせていただこうと思っています。

さて、ここのところの俺はニューアルバムの制作を着々と進めています。今回のアルバム

のイメージは〝キラキラ〟です。キラキラした曲がズラーッと並んでるというのがいいなあと思ってるんですよ。大人だろうが子どもだろうが、街の木にちょっとイルミネーションが飾られてキラキラするだけでワクワクしたりするじゃないですか。光って、人がワクワクする一つの起爆剤だと思うんですよね。

違う言い方をすると、今回は「なんか、17歳の頃を思い出しちゃったね」みたいな感じになるイメージです（笑）。つまりは、元気なアルバムをつくりたいと思ったんですよね。世の中も、多少無理してでも元気を取り戻さないといけない時期になってますから。5年目を迎えて、いまだままならないところもありますけど、そういう意味でも元気な音楽をやったほうがいいだろうなと思って。それに、そういうことを抜きにしても、人が生きていく上で、大人には大人の、青年には青年なりの厳しい時期があって、その厳しい内容はいろいろあるにしても、みんな厳しいことには変わりはないと思うんです。生きていくと、どうしても人と比べられることがあるし、競争して負けたら悔しいし。人はそういうなかで生きていくわけですけど、そのどこかの場面の応援歌になってくれればうれしいし、また嫌なこと、苦しいことを忘れるきっかけに歌がなってくれればうれしいなと思うんですよね。

つくり始めた当初は〝ショック〟をテーマに考えてたんです。人生にはいろんなショックがあるじゃないですか。失恋もそうだろうし、リストラだってそうだし。もちろん、喜びのショックもありますよね。そういうことを歌っていくのがいいんじゃないかなあと思ってたんですが、つくってる間に〝そういう心の動きをショックと言っちゃっていいのかな?〟という気がしてきました。そうじゃなくて、うれしいことも悲しいことも悔しいことも、その一つひとつが輝きというか、そういうものにしなきゃいけないいんじゃないかなって。そう思わないとやっていけないというか。それで、そういう心の動きをひっくるめて〝ダイヤモンド〟と言っちゃおうかなと思ってるんです。何げない言葉や出来事も、ある人にとってはダイヤモンドなんだよっていう。俺だったら、亡くなったおやじが言ってくれたひと言とか、そういう言葉の一つひとつ、思い出の一つひとつがみんな宝石みたいに大切で、輝きを持ってるんだよって。

それに、ダイヤモンドって俺の派手なところも言い表してるかなと思って(笑)。「年を重ねて、いぶし銀のようですね」なんてふうには絶対言われたくないなと思ってるんで。「落ち着きねえな、この人」というくらいのほうがいいんです。ただでさえ、この年齢になってくると落ち着いてると言われてしまうから、本人はできるだけ派手でポップなものを追いかけていかないとって思ってます。

○月×日

今年の「ART NUDE」、初日は熊本地震の直後でした

先週の土曜日、「ART NUDE礎-ISHIZUE-」ツアー福岡公演に集まってい

ただいたみなさん、本当にありがとうございました。当日のバックステージでは、開場の1時間前まで「やめたほうがいいんじゃないか」とか、いろんな意見が飛び交っていました。最終的には、俺が決断して、やることにしたんですが、ただやる意味をはっきりさせたほうがいいと思って、スタッフになにがしか熊本に寄付する手はずを整えてもらうようにお願いしました。それに、来てくださったみなさんは多少なりとも恐怖を忘れられたようだったから、やっぱりやって良かったなあと思っています。賛否両論いろいろ言われますが、それでも会場のみなさんにしばらくの間やすらぎの時間を届けられた音楽の力というのはやっぱりすごいなと思ったし、絵を描くということ、あるいは絵というもの自体の不思議な力も実感しました。

この日描いた絵は、自分でも意外だったんですが、すっごい落ち着いた色なんですよ。しかも、迷いなくというか、一気に描いちゃったんですよね。それは、直前にああいう大きなことが起こったから、自分のイメージもはっきりしたし、出てくるものもすごくはっきりしてたんでしょうね。描いているときは、自動筆記のような感じというか、熊本からのいろんなエネルギーが僕に描かせたのかもしれないという感覚もあったんです。不思議なものだなあと思いました。自分の精神状態から考えれば、そんな落ち着いた絵を描くとは思えなかったんですけど。自然も人間もすごく危うい均衡の上に立ってるんじゃないかということを、僕らは今、まざまざと体験してるわけですが、それを絵にとどめておくといいんじゃないかなっていう。そういう絵なんですよね。「崩落均衡」という題をつけました。

こういう時期だからこそ、そうした抽象絵画にみんないろんなことを感じると思うんです。だからやる意味があるし、俺自身こういう状況の中で絵を描く機会を持てたことで絵を描くことは神聖なことなんだということをあらためて感じることができました。また、神聖であるということにしなければ、亡くなった方々に申し訳ないですからね。それは、アーティストが持たないといけない信仰の一つだと思います。そして、その偽りのない気持ちが九州のみなさんに届くことを今はただ一心に願っています。

もう一つ、あの日のステージで感じたことですが、ものをつくる場合に自分のエネルギーだけでやりきるというのはなかなか難しいです。外からのエネルギーみたいなものが自分を発奮させるというか発想を引き出したり活性化させたりするということがあって、あの場の俺も、ただ人前で絵を描いてるというだけではなくて、何かを受け取りながら描いていました。その「何か」を説明することはとても難しいですが、とにかく受け取ったことを返していくというか、一種の精神的なキャッチボールのようなところもあったように思うんです。「ART NUDE」の現場では精神的な波動、それは念であったり業であったり、そういうものが行き交ってるんだろうなという気がします。

言うまでもなく、アートという分野は、精神的な部分に負うところがすごく大きいです。精神的な部分によって何か〝もの〟がつくられていくわけで、〝もの〟をつくることによって精神性が高まっていくわけではないんですよね。つまり、精神性がまずあって、そこから

〝もの〟がつくられていく。だから、その人が考えていることやその人が抱えている恐怖、恥ずかしいと思っていること、あるいは強く願っていることがそのまま作品に出ていくんです。今回の「ART NUDE」のステージで描く絵には、熊本の地震とそれに向き合うこの国の状況というものに対する俺の内面が、俺の意識とは関係なく出てしまっていると思います。

○月×日

俺、歌い手として一つ上の段階に進んだかもしれないですね

他人事みたいな言い方になりますが、俺って2月から3ヵ月連続のオーケストラコンサートをやり終えたんですよね。熊本のことやら何やら、いろいろ考えることがあったからか、3本目のステージが終わって1週間以上たった今頃になって、自分の意識のなかにあのコンサートシリーズのことが浮かび上がってきました。

あのシリーズでは、〝できるだけピュアに歌を届ける〟ということだけを意識していました。俺は歌い手という一つの楽器としてそこに居るっていう。ただし、そこには言葉があるから、その言葉に対してはていねいに、とにかくていねいに一つひとつ紡いでいくしかない。そういうコンサートでした。

そこですごく感じたのは、オーケストラのみなさんがよく歌詞を聴いてくれていたということです。歌に対していい加減じゃないというか。で、クラシックがどうとかポップスがど

うとか、一般に思われているようなことはほとんど考えてないですね。目の前に、一つの楽曲という表現しなければいけないものがあって、それにどうアプローチするかということだけに一人ひとりが集中していたように感じました。

俺自身について言えば、いままでうまく歌おうと一生懸命だった自分がもうちょっと楽になっているような感覚がありました。うまい人は後ろにずらりと並んでるわけだから、俺はただ歌自体が持っている美しさが伝わることだけを考えていればいいんだなって。そういうシンプルな心持ちでコンサートに臨んでいたように思います。

そして、その連続コンサートと並行するように進んだ「ART NUDE」ツアーで歌に対する意識はさらに深まって、「ていねいに歌う」とはどういうことなのか？　ということがわかったんですよ。30年も歌ってきて、いまさら何言ってるんだと思われるかもしれませんね。俺自身、そう思ってますから（笑）。

俺はこれまで、「ていねいに歌う」というのは技術じゃなくて気持ちの問題だろうと思ってました。普段、ロックっぽいことをやっているとどれだけ気持ちを入れられるか、どれだけカッコいいフェイクを入れられるかみたいなことにどうしても気持ちが向いてしまいがちだし、そういう要素も大事だと変わらず思っています。が、オーケストラの演奏で歌う場合には、フェイクがどうとかじゃなくて、歌おうとしているその音が確実に出せるかどうかということがいちばん大事なんです。つまり、技術的な部分を厳しく追求されるわけです。そういう意識で自分の歌をあらためて点検してみたときに、〝こんなに歌えないのか〟と感じて、すごいショックでした。おかげで、「ていねいに歌う」気持ちの持ち方は、俺のなかで確実に変わりました。それは、音を1個1個置いていくような感じと言えばいいでしょうか。

言い換えると、俺が歌い手としてお客さんの前に立つ上でいちばん意識すべきは〝俺が石井竜也だ！〟みたいなことではないなと思うようになったということです。それで歌い方がまったく変わってしまうということはあり得ないんだけど、それにしても自分のなかの精神的なベクトルは、先に書いたような意味での「ていねいに歌う」という方向に向くようになりました。歌い手の気持ちがどこを向いているかというところでバックの演奏もだいぶ変わってきます。結果、伝わるものはだいぶ変わってくるでしょう。しかも、そこで「俺はこうやるから」と言葉で説明してもダメなんですよね。表現としてそうなっていないと、演奏する人間は誰も感じないだろうし、ということはお客さんにも伝わらないということだから。

というわけで、今回の「ART NUDE」では、俺の歌が以前よりもずっと伝わりやすくなっているようです。そういう感想がいろんなところから届いていて、俺はすごく手応えを感じています。先にも書いた通り、オーケストラとの3ヵ月連続コンサートをやってるときから俺のなかでは意識の変化はもう進んでいて、だから歌の具合もかなり違ってたと思うんですが、「ART NUDE」で歌うと、バンドが少人数編成だから歌の変化がわかりやすいのかもしれないですね。

○月×日

ニューアルバムのタイトルは『BLACK DIAMOND』

8月にリリースする新しいアルバムのタイトルが『BLACK DIAMOND』に決まりました。

ブラックダイヤモンドとは、ダイヤモンドを研ぐのに使う、ダイヤモンドよりも硬くて、とても希少な鉱石です。何かを磨く道具というのは、紙やすりでもなんでも、磨いている対象がきれいになれば捨てられてしまいますよね。ブラックダイヤモンドもそういうものなんですが、それにしても、そうした磨く道具がなければ、ダイヤモンドはあのきれいでツルツルな感じにはなりません。その道具となるものがブラックダイヤモンドという名前だと知ったときに〝ちょうどいいな！〟と思ったんです。と言うのも、プロの歌い手の仕事というのは、ダイヤモンドじゃなくてブラックダイヤモンドのほうなんじゃないかなという気がしたから。見てる人たちは、俺のことをダイヤモンドだと思って見てくれてるのかもしれないけど、曲を作って届ける俺が、あるいはステージに立って歌う俺が〝俺はダイヤモンドだ！〟と思ってちゃダメなんじゃないかなって。それは、30年やってきたから、そう思ったのかもしれないですけど。俺の歌を好きだと言ってくれる人をダイヤモンドと見立てて、それをもっともっと磨いてあげられるような人間になりたいなっていうことですね。それはすごくカッコいい言い方になりますけど、俺がやってることはそういうことなんだなって、すごく素直に納得できたんです。

そういう気持ちでつくった今回のアルバムは、俺のアーティストとしての不完全さが表現されている作品になったと思います。だって、ダイヤモンドはきれいなものだけど、ブラックダイヤモンドはそれを磨くただの道具ですから。ただ、道具は道具としての誇りもあるわけで、その誇りにどういうものが内在しているかと言えば、それ自体の生きざままであったり積み重ねてきたことだったり、あるいは生まれ育ちだったり、愚かささえもね。そういうものまで全部含めた自分というものが表現されているアルバムです。そのタイトルが『BLACK DIAMOND』。ほら、やっぱりちょうどいいでしょ（笑）。『紙やすり』でも良かったんですけど、それだとさすがにちょっとペラペラ過ぎるなと思って。それにブラックダイヤモンドも石だし（笑）。

○月×日

「BLACK DIAMOND REFLECTION」ツアーは乱反射してます

「BLACK DIAMOND REFLECTION」ツアーが始まってます。先週の土曜日、三郷市文化会館に来てくださったみなさん、ありがとうございます。いい夜になりましたよね。今回は「わたしもライト振って、盛り上がっちゃいました」みたいな感想がけっこう多いです。実際、三郷では客席のライトが完全にショーの一翼を担う感じになってました。で、そういうふうにお客さんがみんなライトを振って盛り上がるというのは俺としてはじつは想定通りです（笑）。

ツアータイトルにある〝REFLECTION〟という言葉は乱反射という意味ですけど、そこにはお客さんとの光のキャッチボールみたいなことも含めて、いわば「輝き合おうよ」みたいな気持ちがあったから、その言葉を使ったんです。乱反射って、そういうことだと思うんですよ。こちら側だけが光ってるんじゃなくて、お客さんも光ってる。光をこちらにくれるっていう。

で、そのライトを振る演出も含め、今回のツアーでは光と影ということもすごく意識しています。ただ、一般に言う「光と影を意識してる」場合と俺のコンサートとはちょっと見え方が違ってるはずです。光と影をはっきり見せようと思えば、黒よりも白を強調したほうがわかりやすいんですが、白を基調にすると、ちょっと光を当てただけで輝いてしまいます。逆に黒を基調にすると、光を当てても吸収してしまう色だから、どうしてもまぶしさとかそういうことを感じさせにくい。それでも黒を強調すべき内容であることは理解していただけると思うんですが、それでどうしたかというと、黒地の上にビニールを敷いたりしてるんです。そうすると、下地が黒でも光を反射するから。あるいは、黒の中に銀を入れ込んだ生地を使ってスーツを作ったり。最初の緞帳《どんちょう》が上がったところで、みんな黒なのになぜかギラギラした感じがしてるのはそのせいです。で、いちばん最後だけ白を着て登場するっていう。舞台の背景も、普通はホールの幕をそのまま使うんですが、今回はサテン地のものをつるして、さらにその上にビニールをつるしてるんです。そうすると、ビニールのおかげで光がそれこそ乱反射して、見てる場所によってその反射の具合が違って見えるんですよね。ステージ全体を見渡すようなところから見ると背景がすごくキラキラして見えるんだけど、いちばん前だともしかすると全然そういうふうには見えないかもしれないですね。だから、今回のコンサートは見る場所によって印象がかなり違うかもしれないですね。

というわけで、一度ご覧になった方もまた違う場所で、というのは席の位置も含めての話ですけど、あらためてご覧になることをおススメします。

○月×日

今年もGROUND ANGELをやります。テーマは〝Faith〟です

日曜日に行いました大阪のGROUND ANGELコンサートに来てくださったみなさん、ありがとうございました。

15回目となった今回、〝Faith〟というテーマには「共振する」とか「波及していく」というような意味があるんですが、そのテーマを発表した時点でみなさんが連想したのは〝今年もなんだか天災が続いたなあ〟というようなことだったんじゃないかなと思います。とこ

ろが、それから2ヵ月ほどの間に世界はどんどん動いていって、いま世の中はすごく不安定な状態になってしまっていますよね。日本国内でも「それが人のやることか」と言いたくなるような事件が毎日のように報道されています。それも、人々がいまの世の中に対して漠然と感じている不安が引き起こしているものかもしれないと思うんです。世界的に人心が揺らいでいるのは間違いないですよ。

理由は何かわからないんだけど、なんだか不安だ、何か起こりそうな気がする。世界中の人々がそんなふうに感じているんじゃないでしょうか。そこで、世界では強権的というか、独裁的な手法で国民の気持ちを引こうとする政治家がたくさん出てきてるけれど、それもある意味では仕方ないというか、そういうやり方でしか状況を変えられないと思えるくらい事態が悪くなってるということなのかもしれませんね。

いまは世界中で、人の気持ちの雪崩みたいなことが起こってるような気がするんですよ。土砂崩れとか雪崩って、いったん崩れ始めると時速70キロくらいで押し寄せてくるそうですね。ということは、その場にいたらもう逃げられないと言っていいスピードですよ。そういうスピード感で欧米では移民の動きがあり、それを快く思わない人たちの気持ちの共振が広がっていってる。〝人の気持ちの雪崩〟は目には見えないですが、戦争というのは何か行き場のない怒りのような感情が広がっていった結果だったりしますから。で、自分はそれに関わるつもりはなくても、あるいは対岸の出来事のように見えることでも、結果として巻き込まれてしまうということだってあるわけです。いきなり戦争という言葉を持ち出してきたと感じる人もいるかもしれないですが、俺はそういう危機感のなかで、今回のGROUND ANGELコンサートを迎えました。正直に言って、〝Faith〟というテーマに決めたときには人の気持ちの良い部分の共振がどんどん波及することしか考えていませんでしたが、共振というのはきれいごとではなくて、悪い方向にも進むことがあるんですよね。実際のところ、そういう人の気持ちの流れを押しとどめることはなかなか難しいですけど、GROUND ANGELはそういう状況のなかでも一度立ち止まって、「考えることから始めてみませんか?」という取り組みです。

俺が作ったクリスマスソングを子どもたちに歌ってもらって、その映像を公開しているのも、そういう悪い気持ちの流れをいい方向に変えていく力に少しでもなればいいなという思いがあります。毎年やりたいなと思ってたんだけど去年はできなかったので、今年は2曲つくりました。とても元気が出る「LOOKING FOR SANTA CLAUS」という曲と、美しく心に響く「HEART OF CHRISTMAS」という曲です。子どもたちに歌ってもらった映像を公開しました。

子どもたちとつくっているクリスマスソングをなぜ英語でやってるかというと、日本というこの小さな国に住んでいる、いろんな国の人たちがスタジオに集まって子どもたちのために歌を歌ってる姿というのはとっても平和な気持ちをもたらしてくれると思うんですよ。少なくとも俺は、すごくそういう気持ちになります。その気持ちをぜひ世界中の人々にも共有してもらいたいと思っているわけですが、いまではその気持ちは祈りに近くなってると言ってもいいかもしれないですね。

俺は思うんですけど、人間社会が未来に思いをはせなくなったときに戦争とかそういう間違いが起こるんです。そこで言う「未来」が何かと言えば、それは子どもたちであって、彼らにうまくバトンタッチをしていかないといけないのに、そういうことを考えなくなったときに間違いが起こるんですよね。今回公開したクリスマスソングの映像でも、子どもたちが本当にすてきな表情で歌ってくれてますが、あれが未来なんですよ。あれを未来と思わなきゃ、人間社会はもうなくなったほうがいいとさえ思います。そのレコーディングの際の俺の写真を見た人に「無防備に幸せな顔をしてた」と言われてしまったんですけど、それは子どもたちがまず無防備ですから。本当に、なんの邪気もないんですよ。ああいう姿を見て、険しい顔なんてできないですよ（笑）。

もう街はすっかりクリスマスモードですね。子どもたちにはそれこそ無邪気に楽しんでもらいたいと思いますが、大人のみなさんには世界のこと、自分の暮らしのこと、未来のこと、などなどいろんなことをちょっと考える、そういう時間にもしてもらえたらうれしいなと思っている石井でした。

○月×日

『BLACK DIAMOND』な1年が暮れていきます

年末です。みなさんは、大掃除ですか？ 餅つきですか？ 俺は大掃除も餅つきも人任せだし、年末だからって生活パターンが特に変わることもないいんですけど、やっぱりちょっと1年は振り返っちゃいますよね。

ひと言で言えば、今年は『BLACK DIAMOND』の年だったわけですけど、世の中を見渡してみると、あのアルバムのコンセプト、そしてあのなかで歌ったことが妙に暗示的に響く1年だったような気がするんです。俺だけかなあ？ ダイヤモンドというのは、利権とかお金にまつわるドス黒い部分の象徴のような気もするし。美しいんだけど、ある意味では汚れてるというか。ダイヤモンドって、デカイものを付けてるヤツほど胡散臭《うさんくさ》く感じたりするようなものじゃないですか。でも、ブラックダイヤモンドはそういうダイヤモンドじゃなくて、じつは研ぎ石だっていう。いま、世界全体が研ぎ石的な役割や存在、志をこそ求めているような気がするんです。「みんなが主役！」ということになっちゃうと、やっぱりまずいと思うんですけど。

主役でなくても、世の中でいろんな情報が過多になって、みんながみんな下手ックソな探偵みたいになっちゃってるでしょ。やたらアラばかりみつけ出しては騒ぎ立てるっていう。

そういう時代になっちゃいましたよね。人のいいところは全然見ようとしない。そういう世の中だからこそ求められるべきは、まだ輝いてはいないけれども、きっと輝くはずのいいところを磨いてあげるブラックダイヤモンド的な存在じゃないですかね。

歌手というのはどこかシャーマン的な部分があって、予言とかそういうたいそうな話ではないんだけれど、なんとなく感じてしまう痛みみたいなものが俺のなかにもあるのかもしれないと思うんです。「てっぺいちゃんが言ったことって、なんか本当に起こるよね」と米米のメンバーにもよく言われるんですよ。だから、「オマエ、口に出すなよ。言っちゃわないでよ」と言われたりもするんだけど。それでも、何かに突き動かされて、言葉にしちゃうっていう。感性というのは、なんらかの振動だと思うし。だから、世の中の変な振動に人より敏感に反応しちゃうというか、それこそ共振しちゃうんでしょうね。

誰でも、不安であればあるほど、ハッピーになる努力をするわけですよね。うまくいかない場合もあるけど、それでもせめて普通の状態に戻そうとするわけですよ。だから、不穏な振動に敏感な分、ハッピーなことを求める気持ちというか、世の中を良いほうに動かそうとする気持ちが強いのかもしれない。

というわけで、俺は来年も心をこめてラブソングを歌っていこうと思っています。良い年をお迎えください。

BETWEEN 2017 AND 2018

第4章

最近

○月×日

2017年の「あけましておめでとうございます」

あけましておめでとうございます。今年もよろしくお願いします。

とは言っても、ご存じの通り、俺の場合、生活に季節感がないというか、どういう時期でもやってることはほとんど変わらない毎日なので、お正月だからと言って餅食ってゴロゴロするようなこともありませんし、逆に「大みそかも元旦もずっと仕事してました」というわけでもありません。ただ、季節感というか、その移り変わり、あるいは時の流れといったことについてちょっと思うところがあって、というのは時間についての概念がここのところ変わってきたような気がするんですよ。昔は単純に〝速いなあ〟という感覚だったんですけど、最近は速い／遅いという話ではなくて、時間の流れに溺れないようにしようとしている自分を感じるんです。時間に追われたり、〝この時間だから、これをやるんだ〟といったりしたことではなくて、〝これをやりたいから、この時間なんだ〟と思おうとしている自分がいるんですよね。言い換えると、時間をいかに濃厚に使うかということに気持ちが向かうようになったということです。それはやっぱり年齢を重ねたからなのかなと思うんですけど。

言うまでもなく、俺はこれから60代、70代と年を重ねていくことになるわけですが、その時間は流れていくものではなくて踏みしめていくもの、あるいは一つひとつ置いていくものという感じになってきてるような気がします。例えばイギリスの列柱石群のように、一つひとつ埋めていって、結果として1本の線ができるというような感じですね。無理して時の流れに飛び込まなくてもいいやと思ってるんですよ。若いときは、時の流れに飛び込んできれいな泳ぎを見せたり、流れに逆らってふんばって立つことがカッコ良かったりすることもあるけれど、これからはそうじゃないだろうっていう。時間というもののつかみ方がだいぶ違ってきてますね。

で、いきなり重大発表なんですが、今年はソロ20周年の年だということに俺は最近まで気がつきませんでした。で、気がつかなかったことをまったく反省していません（笑）。だって、人に言われて気づいたときに思ったのは〝まだ20年しかたってないの？〟ということで、その後に少しゆっくり振り返ってみても、ソロになってからの20年というのは乱気流のなかにいるような状態で過ぎていったような気がするんです。いまも、乱気流のなかです。だから、ホントはシートベルトしてじっとしてたほうがいいんだけど、ついつい動き回っちゃうっていう。そんな感じなので、20周年企画みたいなことを何かやるかもしれないですが、まだ何も決まってません（笑）。

それからよく聞かれるので、ついでに言うと、アートに関する活動については何も考えていないです。毎日がアートで、俺がアートなので。アートな人間がつくるから、それはアート作品になるわけで、あらかじめ考えてつくるようなものはアートじゃないです。アートというのは衝動であり、パッションであって、決まった形のないアメーバのようなものだし、そこに定義はないんですよ。そういうことに耐えられる人間だけがアーティストになりうるわけで、「俺はこういう部署のこういう担当だとはっきり決めてもらわないとやれない」という人には向かない仕事です。俺自身は、顔魂もずっとつくってるし、わけのわからない絵も毎日のように描いてます。だから、俺の机の上にはいつでも真っ白な紙がうずたかく積まれています。

相変わらず、時間ができると金沢の大樋先生の工房を使わせていただいてるんですが、俺は同じものを二つつくれないんですね。手のおもむくままにしかつくれない。それでも、大樋先生に「オマエがつくるものは完璧なんだよな」と言っていただけるのは、比べるものがないからだと思っています。評価のしようがないというか、好きか嫌いかしかないっていう。人がどう思うかというのは俺には関係ないことであって、「俺はこれしかできませんので」という話なんですよね。

というわけで、ここまで読むと、本当に何も考えずに活動してるように思われるかもしれませんが、この2017年をライブの年にしたいという決意は揺るぎがない石井でした。

○月×日

ニューミュージックの名曲をカバーするツアーをやります

今回は、5月にスタートする「ISHYST〜REMEMBERING SONGS〜」

ツアーの話です。

このツアーでは、70年代後半から80年代前半のニューミュージックと呼ばれる音楽のなかからピックアップした曲たちをカバーします。そう言うと、少なくない人たちが〝石井さんがニューミュージック!?〟という反応を示すんですが、俺は続けて言うんです。「本当にいいメロディーの曲がたくさんあるんですよ」って。きっとみなさんにも楽しんでいただけると確信してますし、新しい／古いにかかわらず、自分の琴線に触れる曲を歌うことは、勉強にもなるし自分の新しい一面を披露できる。それに、自分のなかで発見があるんです。お客さんを前にして歌うと、例えば〝自分のルーツのなかにはこういうメロディーも含まれていたのか〟とか、〝こういう歌い回しが俺は好きなんだな〟とかね。

歌詞の世界もすごいんですよ。例えば『BLACK DIAMOND』はハードな雰囲気を醸し出してるとみなさんは感じられたと思いますが、俺のなかではあれは〝まるい〟感じなんです。それよりも、来生たかおさんが歌ってるいくつかの曲のほうが歌としてはるかに過激な感じがします。救いがない感じがして。来生さんだけじゃなく、あの頃の歌では例えばどん底の状態を歌えば本当にどん底じゃないですか（笑）。それこそが、本当に過激な気がするんですよ。そういう歌がいまはないから。

ある時期、「愛してる」とか「好き」とか「さよなら」とか、そういう言葉を使うのはダサいよねっていう時代があったじゃないですか。そういうことは違う言葉で表現するっていう。そこは、いまも基本的には変わっていないと思うんですけど、内容を見ればほとんどは愛だの恋だのっていう歌なんだから、そういう言葉を素直に使えばいいのにと思うんです。あるいは「寂しい」とか「涙を流しちゃった」とか、もっとストレートに歌っていいんじゃないかなあって。だって、基本的には3分くらいしかないいんだから。

ただ、米米CLUBは全然違いますよね。例えば「愛してる」という曲があります。プロポーズの歌なんだけれど、「結婚してくれ」みたいなフレーズはひと言も入ってません。相手の女性は窓辺に立ってて、〝もうそろそろ二人の関係をちゃんとしなきゃいけないかな〟と思い始めた男性が、彼女にプロポーズしようかな、どうしようかなと迷ってる歌です。だから、♪愛してる　愛してる♪と歌ってるけど、本当に声に出して「愛してる　愛してる」と言ったのかなっていう。多分、言ってないんじゃないかな。思ってるだけで。あの男性はじつはすごく迷ってるんですよ。彼の気持ちとしては、〝このコしかいないよな〟とは思ってるんです、きっと。でも、声に出して言えない男心というか、そういうものをあの曲は歌ってるんですよね。「愛はふしぎさ」にしても、〝愛〟という言葉を使ってるから、すごくストレートなラブソングのように思われてるかもしれないけど、「ふしぎさ」という歌なんですよね。〝なんで好きになっちゃったんだろう？　わかんねえや〟ということを歌ってるんですよね。メロディーや演奏はブッ飛んでるから、スコーンと突き抜けてるように感じられるかもしれないけど、じつは迷いの歌なんです。米米の曲って、じつはそういう曲が多いんです。「Shake Hip!」だって、♪フュージョン♪という言葉も俺のなかでは〝よくわかんない〟という意味の言葉であったような気がするし。米米の曲はロックというかすごくトンがったサウンドだけど、歌詞は全然ロックじゃなくて、むしろ突き抜けてない、あえて言えば女々しい内容が多いんですよね。

どうしてそういう歌詞になるかと言えば、米米のなかでよく話してたのは、世の中のいろんなことって、決まってるとかわかってると思い込んでるだけで、ほとんどはわかってないよねっていう話で、それをそのまま米米は歌にしたということだと思います。しかも、本当はわかってないのに、わかってるような体裁をつくらなきゃいけないということだらけ、という世の中の現実はいまも変わっていない。というか、ますますひどくなってるかもしれない、とさえ思いますね。

〇月×日

自分の生活を豊かにするにはこういう方法もあります

3月16日から3日間、東京・有楽町の国際フォーラムで「アートフェア東京2017」が開催されます。そのオープニングには、俺もお邪魔するんですが、これはみなさんにもぜひお出かけいただきたいイベントです。

普通に暮らしてる人、という言い方が適当かどうかわからないですけど、実際に絵を描いたり彫刻をやったり、あるいはアート作品に関わる仕事をしている人以外の人たちは、普段なかなかアートに触れる機会がないですよね。まして、これからの活躍が期待される新しい才能の作品はなかなか目に触れることがないと思います。でも、ここに来れば、そういう作品をいち早く見ることができるし、また日本人の有力な芸術家たちの作品をまとめて見ることができるので、日本のアートの状況をリアルに感じられると思います。すごくたくさんの作品がありますから、なかには難解なものもあるかもしれないですが、逆にすごくわかりやすくて、素朴に〝きれいだなあ〟と思えるような作品があったり、あるいは〝革細工でこんなことができるんだ!?〟というような心地良い驚きを感じられたりする作品がたくさんあります。それから、例えば仏像のことを勉強して、それで仏像がエンジェルみたいに空を飛んでる形にしたりとか、従来の仏像づくりにはなかったアプローチの作品があったりして、とても不思議な世界を感じさせる作品が多いんですよ。そういう意味では、アートの世界というのは『不思議の国のアリス』を思い出せばいいんじゃないかなと思うんですよね。そこに足を踏み入れただけで、日常とは違う何かを発見できるっていう。そういう世界を、ここに行けば垣間見ることができるわけです。

重要なのは、もし好きなものがあったら、そこで買えてしまうということ。「絵を買うなんて、とんでもない!」「世間の評価がまだ定まっていないものを自分の好みだけで選ぶのはちょっと勇気が必要ね」なんていう声が聞こえてきそうですね。勇気……? 俺に言わせれば、アート作品を選ぶのは自分が着る服を選ぶのと同じです。服を選ぶ場合は、自分の好きなもの、自分の琴線に触れるものがどれなのか、ちゃんとわかるでしょ。アート作品を選ぶのもそれと同じだと思えばいいんです。自分の体に合わせて服を選ぶように、〝自分の家にはどういう絵が合うかな？〟という意識で見ていけばいいんですよ。〝あの部屋の白い壁には、この絵が合うかもしれない〟みたいな。あるいは、下着でもけっこうおしゃれなものがあったりするでしょ。人には見えないものだけどおしゃれなものを選びたいという感覚は、女性だったら昔からあるし、男性でも最近はそういうことを考える人も少なくないですよね。それと同じように、人に見せない場所、例えば自分の寝室にちょっと小さくても、自分が選んだ本物の絵が飾ってあると、それだけで生活はすごく豊かになります。

買うとなると、もちろん値段との兼ね合いで、欲しいと思ったものがなんでも手に入るということにはならないかもしれない。例えば、ジャケット1着我慢して絵を1枚買う、みたいなことになったりするんだと思います。でも、あなたが買ったお金のおかげで、その絵を描いたアーティストはまた絵の具を買って新しい絵を描くだろうし、そういうことが続いていくなかでその絵描きが有名になれば、あなたの買った絵の価値も上がります。そういう意味では、先の楽しみもあるお金の使い方ということですよね。

逆に、〝なんでこれが、こんなに高いんだろう？〟と感じるものもいっぱいあると思います。それは単純に、あなたの感性に合わないということであって、値段とあなたの好きなものは必ずしも重ならないし、それはそれでいいんです。値段が高いものがいいもの、じゃない。

自分の感性に合うもの、自分の部屋や自分の暮らしに合うもの、言い方を換えると、自分の目に優しく感じるもの、そういう作品を選べばいいんじゃないかなあと思います。要は、ピンと来たものを素直に選べばいいんですよ。ピンと来たものは、あなたに合ってるんだから、それを自信を持って買えばいいし、自信を持って自分のものにすればいいんじゃないかなと思います。それは、ある意味では自分の感性を買い求めるということであって、それは自分にしかできないことですよね。そういう買い物って、なかなかないと思うんですよ。そういうお金の使い方もたまにはいいんじゃないでしょうか。

〝石井は、絵を描くことだけじゃなく売ることにも熱いのか？〟と思われたかもしれませんが、それは結局アートに対する世の中の意識というか、注目度が俺にはまったくもの足りなく感じられるからです。女性はよく自分へのご褒美《ほうび》ということで、ブランドもののバッグを買ったりするみたいですけど、腕は2本しかないからね（笑）。バッグなんてたくさん持ってても、一度に二つ提げるのがせいぜいですよ。それに、そういうものはどんな高級品でも、世界中に同じものを持ってる人がいっぱいいるわけです。でも、絵はその1枚しかないものだから。自分へのご褒美というなら、本当の贅沢《ぜいたく》をご褒美にしてあげるのがいいと思いますよ。美的感覚ということで言えば、日本人は尾形光琳の時代からすごいものをたくさん生み出しているわけで、そのＤＮＡが日本人のなかにはみんな眠っているはずだから、それをうまく引き出してあげて、その素直な感覚で見ていけば、絶対自分に合う作品を見つけられると思うんですよね。

ちなみに、実際に買おうとすると、画商の人は買ってほしいからいろんなことを言ってくると思いますが、そういうのは聞かなくていいです（笑）。セールスマンの言葉に従って買ったものは絶対に飽きますから。でも、自分の好みに素直に選んだものは不思議と飽きないんですよね。心を豊かにするものって、本を読むとか映画を見るとか、いろいろありますけど、絵というのは面白いもので、絵が1枚壁に掛かってるだけで、そこにポッと宇宙ができるんです。そういうマジックがあるんですよ。だから、1枚お気に入りの絵が自分の部屋にあれば、そこにはいつでも自分だけの宇宙があるんですよね。それは、何ものにも代えがたい豊かさだと思いますよ。

○月×日

米米ＣＬＵＢの新曲は大人をちょっと皮肉ってる歌なんです

すでにチェックされた方は多いと思いますが、ＮＨＫ-ＢＳプレミアムドラマ『ＰＴＡグランパ！』で、主題歌として「コドモ ナ オトナ」という曲を、挿入歌として「Ｕｐｌｉｇｈｔ」という曲を聴いていただけます。この2曲は、どちらも真面目です。というか、「バカだねえ」という感じの音楽ではないですが、「コドモ ナ オトナ」では大人の愚かさ加減を歌ってます。お父さんは家族に隠れてスケベサイトを見てたりするし、お母さんは奥さん連中で集まっては人の陰口言ったりしてるという現実がありますよね。「大人なんて、そんなもんだよ」という意味もそこには込められているし、同時に大人とは言ってもまだ子どもの部分を持ち続けていて、子どもの頃に感じたこともしっかり覚えてるということを子どもたちに伝えたい気持ちもあります。

ただ、いまの子どもだったら〝大人って、ズルくてバカだよねえ〟と思ってるんじゃないかなあという気がするんです。多分、昔よりオトナナコドモは増えてますよね。で、コドモナオトナは自分が子どもであることをわかってないんですよ。だから、教えてあげようと思って。「幼稚だよ、アンタ」って（笑）。歌詞をサラッと読むと、すごくまっとうなことを歌ってるように見えますけど、大人をちょっと皮肉ってる歌なんですよね。「ホントに、アンタは大人と言えるの？」みたいな。

逆に、♪大人も子供も実は一緒なんだ♪と言えるのは、大人なんですよね。大人を見てバカにしてる子どもはまだ子どもだし、子どもを見て「まだまだだなあ」なんて言ってるような人は子どもだと思うし。結局のところ、相手を認めるそのポイントがしっかりしてるということが大事だと思うんです。相手の良いところをきちんと見極めて悪いところを正してあげるというのが大人の一つの役割だと思うし、昔の人はそういうことをきちんとやれてたと思うんですけど、いまの人たちはなかなかやれていないということを考えると、現代は〝総子ども時代〟ということになるのかなという気もしますよね。まあ、どんな時代にあっても、米米CLUBはあくまで米米CLUBなんですけど。

○月×日

Billboard Liveで〝LIKE A JAZZ〟と題してお送りします

7月に、東京と大阪のBillboard Liveで「LIKE A JAZZ」と題したライブをお送りします。

ご存じの方はよくご存じだと思いますが、俺の曲にはジャズっぽい楽曲がけっこうあるものですから、ファンクラブのイベントでそういう曲ばかり集めてやったことがあるんです。それを見てた関係者の方が気に入ってくださって、「やってみませんか?」というお話をいただきました。このライブでは、バンドのメンバーはすべてジャズ系のミュージシャンです。だから、ノリはまさにジャズ。だけど、タイトルは〝LIKE A JAZZ〟。ジャズっぽいという意味ですよね(笑)。本格的なジャズを聴きに行くような肩肘張った感じにならなくていいよってことです。俺としては、「ジャズという着ぐるみを着てみます」という感じですから(笑)。ジャズをパントマイムする、というか。ジャズが持ってる気だるさやスイング感を、俺なりの表現で聴かせるというライブです。「ただし曲は全部、俺が作った曲です」というのがポイントですね。ちなみに、「浪漫飛行」を無理やりジャズバージョンにしました、みたいなことはしません(笑)。

「LIKE A JAZZ」東京公演と大阪公演が無事に終了しました。それぞれの会場においでくださったみなさん、ありがとうございました。

「LIKE A JAZZ」というタイトルは、〝JAZZが好き〟という意味ではなく、〝ジャズっぽい〟ということです。俺としては〝本格的なものはあまり期待しないでくださいよ〟というくらいの気持ちだったんで（笑）、そういうタイトルにしたんですけど、ご覧になった方からは「すごくジャズだった」という感想をたくさんいただきました。それは、俺にしてみれば、うれしい驚きというか、だって俺はジャズを本格的に勉強したわけではないし、マニアックなジャズリスナーでさえない。ウチのおやじがジャズ好きだったから子どもの頃によく聴かされた経験があるだけで、そういうふうに考えていくと、おやじはすごくいいものを聴かせてくれてたんだなあと思いますよね。ただ、お父さんがジャズを聴いてたら誰でもジャズのような曲がつくれるのかと言えば、あるいは聴く人にジャズを感じさせる歌が歌えるのかと言えば、そういうわけではないということはわかっていただけると思います。この間、久しぶりに共演したピーボ・ブライソンさんには「あなたの声の出し方は日本人じゃないね」と言われたんですけど、何か黒人的なものが俺のなかにあるんでしょうか？

一つ思うのは、おやじがお店をやってて、そこで小さい頃は絵を描いたりしてたので、ジャズが流れてる場の空気感みたいなものを自然と吸い込んでたということですよね。そういう意味では、「三つ子の魂、百まで」じゃないですけど、本当に小さい頃に体のなかに入り込んだものは絶対に抜けないし、年を重ねるなかで自然と表に出てくるということだと思うんです。それはちょっと恐ろしいなと思うくらい間違いのないことですよね。

○月×日

米米ＣＬＵＢシングルベスト『豊作参舞』

米米ＣＬＵＢのシングルベスト『豊作参舞』のリリースが決定しました。8月8日、米米の日のリリースです。ＣＤ３枚組全38曲。まさに〝豊作三昧《ざんまい》〟ですよね。シングル曲ばかりですから。

でも俺がまず思ったのは、〝シングルだけでもけっこう出してるんだねえ〟ということ。ホント、びっくりしちゃいました（笑）。シングルは時代ごとに違う米米ＣＬＵＢがやりたいことをやってるわけで、シングルとしてリリースしているということはその時々でメンバーみんなが納得したということだから、ある意味ではその時々の米米のいちばん濃い部分が聴こえてくる作品と言えるでしょう。例えば「Ｉ ＣＡＮ ＢＥ」が最初というのは、いま考えてもトンがった判断だったと思いますよ。というか、メンバー自身も売れるとは思ってなかったから、メンバーの趣味に走ったああいう音楽をやれたんでしょうね。

で、9月から始まるツアー「おせきはん」では、もちろんこのシングルベストに入ってる曲もたくさんやります。ただ、そのツアーの内容について「古い曲をやります」という伝わり方がけっこう広がってるみたいですが、そうじゃなくて「あの頃の米米CLUBをやります」というのが正確だと思います。昔、バカやってた頃のことを今風にアレンジして、というのではなく、そのままやりたいなっていうことです。米米CLUBは聴かせるときにはしっかり聴かせるということはやってきたバンドですから、今回のツアーもそこは忘れずにやりますが、低くなるところはいままで以上に低くしたいというか、「ホント、バカだなあ」っていう感じに（笑）。見てる人が「これは恥ずかしいよ」と嘆くくらいのステージをやってみたいなと思ってます。だから、これまで以上に、高いところと低いところの差が激しい、よりダイナミックレンジが広いライブになりますよ！

というわけで、いまはその内容を詰めていってる段階ですが、メンバーがいろいろ言ってくるんですよ。企画書を書いてきたりしますから（笑）。けっこうみんな前のめりです。やりたくてしょうがなかった、みたいですね。でも、みんなが言ってくることはまず無視して（笑）、俺の独断と偏見で作ったものをみんなにぶつけて、そこからはバンドですから。みんなでリハやっていくなかで変えていくっていう。俺としては、米米は「どこまで行っても理屈じゃない、とにかく楽しいんだよね」というところがいいんだから、変に意味を探ったりしないで、一瞬でもこの時代状況は忘れて〝やっぱ、行って良かったなあ！〟ということになると最高だなと思っています。で、そのツアーの下準備としてはシングルベストを聴き込んでおくということですよね。

『豊作参舞』、8月8日リリースでございます。

○月×日

ニューアルバム『DIAMOND MEMORIES』

9月20日に新しいアルバムをリリースします。

5月に行った「ISHYST」ツアーのセットリストから評判になった曲、10曲を選曲し、新たに新曲4曲を加えて、単なるカバーアルバムではない、石井竜也のカラーが色濃い、しかもちゃんとこの時代と握手している内容にしたいと思っています。で、他でもない「ISHYST」のツアーの映像を収めたDVDが付きます。

ただし、タイトルは〝ISHYST〟ではありません（笑）。『DIAMOND MEMORIES』というタイトルです。つまり、『BLACK DIAMOND』に続くDIAMONDシリーズの1枚ということですね。ジャケットも並べて置きたくなるような感じのデザインになりますから、どうぞ並べて置いてください（笑）。内容はそれぞれ全然違いますけど、DIAMONDが象徴する輝き、簡単に手に入らない貴重なもの、永遠のものといったイメージをベースに、世の中にはDIAMONDのような価値を持ったものがたくさんあるよということをこのシリーズでは表現したいなと思っています。

それから、先日の「LIKE A JAZZ」ライブで披露した曲も入ります。5月にニューミュージックのカバーのツアーをやって7月にはジャズのライブ、というと〝なんだか、いろいろやってるなあ〟という印象を持たれた方もいると思うんです。実際、俺はいろいろやってますし（笑）。でも、今回のニューアルバムを聴くと、いろいろやってるようで、ちゃんと石井竜也として一貫性を持ってやってるんだなということに気づいていただけると思いますよ。

そして、結論めいた話を一つすれば、このアルバムに入る「砂の中の宝石〜放浪者〜」という曲で俺は、♪希望の見えない愛故に／健気な影を追い求め／這いつくばりながらもすがりつく／この心の砂漠のように♪という歌詞を書きました。〝現代人は心の砂漠を生きている〟と、俺は思ってるんですよね。その思いがどんなふうに歌に昇華されたのか、ぜひじっくり味わってみてください。

○月×日

つい米米について熱く語ってしまいました

いやあ、米米CLUBは紅白出場なりませんでしたねえ。この間、人から言われて初めて気がつきました（笑）。まあ、紅白に出なくても、NHKホールでは年明け1月8日と9日に2日間、ライブをやるし、全然かまわないんですけど。それにしても、将来2017年を振り返ることがあったら、〝あの年は米米CLUBが駆け抜けた1年だったなあ〟なんて爽やかに思い出すことが……、俺はないですけど（笑）、みなさんのなかにはそういう方もいらっしゃると思うんですよ。

それに、今回は初期の米米がやってた感じをあらためて楽しんでもらおうというコンセプトだったので、米米ＣＬＵＢがやってきたことをちょっと振り返ったりもしたんです。そこで思ったことの一つは、エンターテインメントというものが日本に定着していった歴史において、米米が果たした役割が少なからずあったんじゃないかなということです。米米がブレイクするまでは、エンターテインメントという言葉が使われることさえあまりなかったですから。

俺たちは、雑多なものを、そのまま見せるのではなく統一感のあるものとして見せていくっていう、「大きなくくり」と俺たちは呼んでたんですけど、そういう見方で米米はやってきたような気がします。デビュー当時はそういう感覚がほとんど理解されなくて、よくわからないことをやってる連中くらいにしか思われてなかったですよね。でも、思い出してみてください。ブルース・リーの「アッチョー！」にしても、眉毛を剃っちゃったデヴィッド・ボウイにしても、その当時はほとんどの人がカッコいいとは思わなかったんですよ。先鋭というのは、その時代においてはカッコ悪いとされてしまうんです。だけど、その表現が本当の意味で先鋭的であれば、だんだんカッコいいことになってきちゃうんですよね。そういうことを米米は実践してきたわけです。

それが可能だったのは、「なんかわからないけど、でも見ちゃう」という、その微妙な感覚の頃合いを米米のメンバーがみんな心得ていたからだと思うんです。ウチのメンバーはそれぞれジャズやソウルのすごいマニアだったりしますけど、ジャズにしてもソウルにしても、

「なんかわからないけど、でも見ちゃう」という、繊細な部分がちゃんと含まれていて、例えばマイルス・デイヴィスだって、そういう意味での彼なりのメカニズムでやってたと思うんです。そのメカニズムを多くの人は解けなかっただけの話で。ウチのメンバーにしても、それをロジカルに解き明かしていたわけじゃないかもしれないけど、本当にしっかり聴き込んでる人たちだから、体で理解してたんでしょうね。だから、俺たちは「大きなくくり」と呼んでたけど、それはむしろすごく微妙で繊細なポイントをしっかり押さえていたということなんでしょう。ひと言でいえば、本物ということですよ（笑）。なんて、つい米米論をしっかり語ってしまった石井でした。

○月×日

GROUND ANGEL、今年のテーマは〝LIGHT〟です

街はクリスマスですが、俺はGROUND ANGELです。今年のテーマは〝LIGHT〟です。

2017年は憎しみの1年だったような気がしています。国全体が、国として憎しみをあらわにしたというか。しかも、自分のなかに生じた憎しみに対して自分ではどうすることもできないから、多くの人はその憎しみを吐き出す先として、ちょっとヘマをしたタレントや国会議員をたたいたりすることに夢中になり、それで1日が終わっていくというような、そう

いう不毛な1年だったと思います。憎しみを感じざるを得ない状況があることは俺にも理解できますが、憎しみから何かが生まれることがないですよね。だって、憎しみの世界というのは真っ暗ですから。だからこそ、そんな1年の終わりにみんなで考える時間を持って、何かしらの光明を見いだしたいな、と。LIGHTというテーマに込めたのは、そんな思いです。

そもそも、この2017年の石井はソロアルバムの制作とリリース、それに米米CLUBのツアーを並行して進めていくという、とんでもなくハードな時間を過ごしていたので、周りのスタッフは〝今年はGROUND ANGELは無理だね〟と思っていたようです。しかし、無理とか無理じゃないとか、そういう話じゃないんですよね。とにかく、ずっと続けてきたことなので。そして、そういうふうに続けてきたことを通して、たくさんの方が何かしらの信頼感のようなものを俺に対して感じてくださってるわけですから。

誤解してほしくないのは、俺のなかでGROUND ANGELを続けることが義務になっているということではありません。あくまでも、まず俺のなかに言いたいことがあって、それを主に歌で伝える場としてGROUND ANGELはあります。俺なりにこの時代の時代感をとらえたなかで、それがたとえ間違っていたとしても、たとえ稚拙であったとしても、俺なりのメッセージを発信しないといけない場だと思ってるんです。そして、そのメッセージを通して、俺とお客さんがつながっていく場になればいいなと思っています。

もちろん、その前にやってくるクリスマスを思い切り楽しく、また温かく過ごしてくださいね。みなさんがそういう時間を持てるように、俺も願っています。そうやって自分たちの楽しい時間が終わったら、今度はみんなで世界のことを考える時間を持てればうれしいです。

○月×日

2018年の「あけましておめでとうございます」

あけましておめでとうございます。本年もよろしくお願いします。

新年1回目ということですから、今年の抱負みたいなことを話すのがいいと思うんですけど、そういうのはないので……（笑）。新年とは言っても、去年からまだ3日しかたってないんだから、去年の話をしましょう（笑）。ただし、いまから話すことは石井竜也のかなりコアな話だと思うんですよ。

去年、「LIKE A JAZZ」というコンサートをやりましたよね。そのタイトルは「ジャズっぽい」という意味ですけど、フタを開けてみると、「〝ジャズっぽい〟どころかジャズのど真ん中じゃないですか！」みたいなことをたくさん言っていただいたわけです。それはすごくうれしかったんですけど、そういうこととは別に、俺の表現の流儀みたいなことをあらためて意識した場面でもありました。というのは、俺って感覚としては、どこまでいっても絵描きなんだなと思ったんです。デフォルメしなきゃいけないと考えるっていう。何かを表現しようとする場合に、とにかく細かいところまで描きこむ人もいますけど、俺はむしろできるだけ無駄な線は省く方向に気持ちが向かってるんです。その結果として、全体の印象は〝それっぽい〟くらいでいいんだけど、やってる内容とかやってる技術は本物っていう。そういう表現の仕方をするんですよね。

で、俺の言うデフォルメというのはただ単純化するということではありません。ある部分を強調するということも含んでいます。例えば、何か小難しい曲があったとして、「でも、この部分はポップだよね」と見立てるというか、そういうポイントを見定める力が俺にはあるのかなとは思います。違う言い方をすると「帯と着物の合わせがうまい」みたいなことだと思うんですけど（笑）。

加えて、こういうふうにやれば自分に似合うなということもわかってるんですよ。「自分を知ってる」と言ってしまうと、カッコよくなっちゃいますけど（笑）、自分に合った形で表現するための方法論を知ってるということは重要だと思います。だって、自分に合ってないやり方だったら、いくらいい切り口でも、その良さは伝わらないからね。

ちなみに、自分を知ってるというのは、自分の限界もわかってるということも含めての話になります。いつでもトライはしてみるんですけど、やっぱりこれは合ってないなということについては、俺もだいぶわかってきました。自分の身の程というのはわかったほうがいいですよね。自分のできることと限界をわかった上で、自分を追い込むっていう。自分の身の程というのは経験でしかわからないから、もちろん失敗もするんですけど、それでもいろいろやっていくしかないんです。

というわけで、今年もいろいろやっていきますので、ぜひお付き合いください。よろしくお願いします。

○月×日

コンサートツアー「-陣 JIN-」はとにかく誰もやってないことなので説明するのが難しいんですが……

前回の最後に「今年もいろいろやっていきます」と書きましたが、その最たるものは4月から始まるコンサートツアー「-陣 JIN-」でしょう。この公演は、「ネオジャパネスク」「ヒューマン」をコンセプトに、第1部：エンターテインメントパフォーマンスステージ「将軍たちの午後」と第2部：プレミアムコンサート「天龍降臨」からなるステージで、全国9ヵ所で開催します。

第2部は基本的には俺の歌を聴いてもらうことになりますから、みなさんもだいたいイメージできると思います。問題はというか……、実際これが問題なんですよねえ(笑)。なにせ誰もやってないことだから説明するのが本当に難しいんですけど、とりあえず第1部は演劇と言えば演劇です。だけど、そうとも思えないようなところもあったりして……。とりあえず、〝演劇もこういう時代が来たのか〟と感じさせられるようなものになると思います。デジタル技術もいろいろ使ってて、人が演じるということをちょっと逸脱するようなシーンも出てくるんですよ。だから、どこか人間っぽくなくて、でもやってることはすごく人間っぽいっていう。言ってみれば人間を使ったアニメーションみたいな……。ますますわからなくなりますか（笑）。

面白さの種類みたいなことで言えば、「一陣ＪＩＮ」とは言っても舞台の上でチャンチャンバラバラみたいなことが展開されるわけではないし、あるいは大掛かりなセットチェンジで驚かせるみたいなこともなくて、言ってみれば非常に落語的だと思います。話はどんどん展開していくんだけど、舞台上はずっと変わらないっていう意味で。あるいは、俺がやってきたことをずっと見てくださってる方なら、「ＧＲＯＵＮＤ ＡＮＧＥＬのアクトパートをエンターテインメントに昇華するとこういうふうになりますよ」という言い方である程度イメージしていただけるかもしれないですね。

話の内容としては「時間の流れを別にしてみたら……」という話です。戦国時代にさかのぼって、そこから歴史をたどろうとすると、その流れは真っすぐに流れてきているわけではないですよね。「もし、あそこでこうなってたら……」というふうに考えると、その流れは局面、局面でどんどん枝分かれしていくわけですが、その先に生きている現代の俺たちは、その枝分かれした道のどれを選ぶかによってその意識も日本という国の立ち位置も文化も、あらゆるものが全然違ってきてしまったと思うんです。だから、そういう枝分かれした道の先の、あり得たかもしれないもう一つの歴史観を表現してみたいなと思ったわけです。こういうふうに書いてしまうと、なんだか堅苦しいというか、小難しい話をイメージされるかもしれないですけど、そこはご心配なく。だって、石井竜也のステージですから（笑）。

○月×日

リドリー・スコット監督作品から一つヒントをもらいました

ツアー「一陣ＪＩＮ」に関して最初にお話をいただいたのは1年前で、それから去年の夏くらいまで〝何をやればいいだろう？〟と、ずっと考えてました。異世界の材料をボンと出されて、「これで何かおいしいものを作ってください」と言われた料理人みたいな感じでしたね（笑）。でも、それをネガティブにとらえないで、〝こうやってびっくりしてるのは、初めてだからだ〟と思うようにしたんです。初めてのことって、誰でもドキドキとワクワクが同時進行じゃないですか。〝普通、こういう感覚を58歳になって持てるだろうか？〟と考えてみれば、それはなかなか難しいですよね。58歳でなくても、ある程度の年齢になっている方ならみなさん共感していただけると思います。それどころか、安全なほうへ、無難なほうへ流れていってしまいがちだということもよくご存じですよね。にもかかわらず、その難しい状況をポジティブに考えられる自分がいることを確認できるのは俺自身うれしいことなんですよ。だから、今回の企画を進めていくなかで〝ドキドキもあるけど、誰もやっていないということにプライドを持とう〟と思ったし、それと同時に〝誰もやってないんだから、これでいいだろう〟と考えるのはやめようと決めたんです。誰もやってないからこそ、完璧を突き詰めて考えるということを強く意識してやっていきました。

ところで、リドリー・スコットの『プロメテウス』という映画があります。『エイリアン』シリーズの1~4のうち、2、3、4をまったく無視して、もう一つの『エイリアン』シリーズというか、『エイリアン』の1のストーリーに至った経緯がすべてわかるような物語です。これを見て、俺は大きな衝撃を受けました。一つのストーリーの流れの裏側にもう一つの流れがあるんだということを映像化してみせたときに、どんなにお金をかけた『エイリアン2』よりも深い内容だったという。勘のいい方はもうお気づきだと思いますが、その事実が今回の物語を考える上での一つのヒントになっています。

その上で、俺がGROUND ANGELのアクトパートでずっとやってきた表現というのは意外と他にやってる人がいないということに気づいたので、あの表現を本当の役者さんやダンサー、パフォーマーに演じてもらっても成立するかなあというところから今回の物語の構想は始まりました。そして、ストーリーは荒唐無稽でOKだけど、どこかに人の気持ちを惹きつけるものがほしいと思ったときに、それはヒューマニズムというか人間っぽさだろうということに思い至ったんです。そこまで考えがまとまったところで、最初のネガティブな気持ちはうせました。

そこまでが第一段階で、第二段階はどう見せるか？　ということになりますが、映画じゃないからカットを次々に変えるということはできないし、ということはそこで展開される話は一本線になりがちなんだけど、そうならないようにするにはどうすればいいか？　考え抜いた末にたどり着いたのが落語だったんですよね。

○月×日

落語的手法をデジタルで補強して骨組みは整いました

落語では、本人の身体以外に舞台上にあるのは羽織袴《はかま》と扇子と座布団だけですよね。それなのに、そこでお城から長屋まですべての場面を展開できます。しかも、ちょっと顔を上に向けただけでその場の広さが広くなるし、ちょっと顔を横に向けただけで別の登場人物になったりするわけじゃないですか。あの感じというのはすごいヒントになりました。それに、そういう表現を面白がれる日本人の感性というのは信用すべきものだなと思ったんです。

ただ、そういう表現をいきなり今回の公演のお客さんの前でやっても、それはポップにはなり得ないんですよ。ある程度の予備知識、落語という伝統芸のなかにあるルールというか作法みたいなものがある程度わかってないと笑えないということは否めないだろうなと思うんです。

とすれば、そこを現代の技術で補えないだろうか？　あるいは、舞台上の人数を増やすことで補えないだろうか？

そういうことを考えながら表現を組み立てていって、現時点では骨組みがやっと出来上がった段階です。でも、がっちりした骨組みです。

あと必要なのは、見てるお客さんをちょっと考えさせるような適度な矛盾を物語のなかに用意すること。しかも、それは途轍《とてつ》もなく計算された矛盾じゃないといけない。こちらとしては、その矛盾をある種の武器にしなければいけないわけで、それを流ちょうに使いこなせたときにお客さんはのめり込んでくれるんです。

さて、俺はどんな矛盾を仕込むんでしょうか。ぜひ会場でみなさんの目と耳で確認してみてください。

〇月×日

アルバム『龍』は3枚組全39曲というボリュームです

俺のレパートリーのなかから、いわゆる和テイストの楽曲だけを集めたアルバム『龍』が4月18日にリリースされることになりました。このアルバムは、「－陣 JIN－」への音楽的なインビテーション、そこで描かれる世界の音楽的なガイドのような意味合いもあるんですけど、それとは別に、「30年の間に石井竜也はこういう楽曲をチラッチラッと歌ってたんだよ」ということに気がついてもらうことはすごく大切だと思っているので、このアルバムは俺にとってものすごい財産になるような気がしています。

ちなみに、CD3枚組全39曲入りというボリュームになりました。〝よくこういうタイプばかりたくさんつくったなあ〟と思われるかもしれないですが、じつは数百曲あるなかの39曲ですからね。俺の曲のなかでの比率としてはそれほど多くないんですが、和テイストの曲を作ることについてのいちばんの困難はいつそういう曲ができるかわからないということです。言い換えると、狙ってつくれるものではないんですよね。だからというわけではないですが、すごく大切に扱ってきたというか、和テイストの曲は軽々しく扱うことはなかったような気がします。歌詞の内容も死生観だったり人生観だったり、あるいは人生の深いところに絡んだ恋愛だったり。他の曲とちょっと扱いが違うのは、そうした内容も含め、俺の気持ちのなかの深いところと関わっているような気がすることとも関係していると思います。

俺は日本人として生まれて、日本人であることを誇りに思うことがけっこうあるんですよね。だからこそ、自分のなかの日本人としての喜怒哀楽や人生観、社会に対する意識みたいなものは素直に表現したほうがいいなと思ってつくってるということは確かにあると思います。〝こういうとき、おじいちゃんはどう言ってたかなあ？〟とか、そういうことをよく考えますから。で、そこで思い出してるのはおじいちゃんの顔なんだけど、その実体は自分のなかの〝日本人なるもの〟というか、そういう存在であるのかもしれないという気がします。

39曲は、ただ並べるのではなく、3枚のディスクにそれぞれ〝愁龍〟〝愛龍〟〝昂龍〟というタイトルをつけ、そのタイトルからイメージされるタイプの曲を集めました。それぞれのタイトルの向こうに、俺のなかにはディスクごとのテーマというか、意識していたことがあります。ディスク−1は、死生観がテーマになっています。人間は、生まれて死ぬということから誰も逃げられないわけで、そこを表現してます。ディスク−2は、男女の愛だけじゃなく、家族愛、人類愛、それに自然に対する愛情もあったりして、宗教観が描かれてるような気がします。ディスク−3はさらに踏み込んで、〝なぜここで生きてるんだろう？〟とか、〝人間はなぜ生きているということだけで喜べないんだろう？〟とか、そういう人間が持ってるいのちへの率直な思い、賛歌であったり問いかけであったり、あるいはアジアの地に生まれたことの宿命みたいなこと、そういう大きなテーマに展開しています。

もっとも、「ええっ!?　この曲は〝愁〟じゃなくて〝愛〟じゃないの？」みたいなことはお聴きになる人ごとにあると思いますが、それは3枚で一つというか、3作をまとめたオムニバス映画みたいな感じで受け取ってもらってもいいかもしれません。

〇月×日

7年目の3・11

7年目の「3・11」を迎えました。俺の地元の茨城県は、県としての震災の式典はとりやめたそうです。時間がたっていくなかで、対応の仕方が変わっていくことはある意味では自然なことなのかもしれませんが、それでも俺のなかではやはりまざまざと2011年のことが蘇ってきます。

東日本大震災が起こった1週間後には、俺はライブハウスでお金を集めたりしてました。そういうことをしてる自分に対して、じつは俺自身が違和感を覚えたし、〝どこまでやれるんだろう?〟ということもすごく考えました。ただ、ファンのみなさんのなかにも〝何かやってあげたい〟という気持ちがあったから、その気持ちを代弁する者として俺が立てないものかなと考えたわけですが、気持ちだけで動いても邪魔になる場合があります。というか、人それぞれにできることとできないことがあるわけで、俺にできることは歌を歌うことだけど、まだ仮設住宅もできていないような状況のところに楽しい歌を歌いに行っても、それは迷惑でしかなかったりするでしょ。だから、相手先のことをリスペクトすればこそ、時間をおくということも時には必要なんだろうし、あるいは長い時間をかけて対応することが必要なんだろうと思います。

人がやっていることをとやかく言うのはよくないですが、一つ思うのはその人の手に余ることをやっちゃったから長く続かない、ということがあるんじゃないでしょうか。こういうことは一度「やります」と手を挙げたら、それは一生やるということですよね。ということは、続けられることをやらないといけないと思うんですが、最初にそうじゃないことを無理してやってしまうと、それはやっぱり続けられないですよ。だから、自分の身の丈を知るということが大事なんじゃないかなと思うんです。できる範囲、できること、というのは人それぞれにありますから。みんながそれぞれ自分の身の丈に合ったことをやっていくことが大事だと思っています。それは、熊本に対しても同じだと思いますが。

東北については、まだ10年もたってないわけで、復興もまだまだです。東京五輪が開催されますから、それを一つのジャンプボードにして勢いづけてほしいなと思います。それから、東北以外にお住まいの方は人助けという感覚で東北と向き合うのはもうよしたほうがいいと思います。出かけるとすれば、自分たちの楽しみというか、東北の良さを体感しに行くという感じがいいですよね。人の行き来がないと復興は進まないのは言うまでもないことで、多くの人が東北に出かけることが大事ですが、それは楽しみに出かけるということでいいと思うんです。実際、素晴らしいところがたくさんありますから。俺も「－陣　JIN－」の公演で仙台に伺いますが、楽しんできたいと思っています。

○月×日

もうニューアルバムの制作に取り掛かっています

7月1日と2日の2日間、今年も「LIKE　A　JAZZ」のステージをすごく楽しくやらせていただきました。そして俺は、息つく間もなく、またニューアルバムの制作に戻っています。そう、DIAMONDシリーズの第3弾です。俺の構想ではDIAMONDシリーズはこの第3弾で完結させようと思ってつくっているので、だからちょっと気負っちゃってるところもあるのか、「手が震えちゃって筆が進まない」みたいな感じもあるんですよね（笑）。気負ってるかどうかはともかく、大名盤にしようと思ってつくってますし、もっと言えば、わかるんですよね。〝今度のアルバムはすごくいいものになるな〟って。

DIAMONDシリーズ3作目のテーマは〝ラブ〟です。

この年齢だからこそ恥ずかしいくらいのピュアラブを書きたいなという気持ちになってるんです。それは、愛の原石というか、愛情の根本というか、そういうものを表現してみたいというふうにも言えるでしょう。つまり、〝愛は何でできてるんだろう？〟と思うんですよ。愛と言ってもいろんな形があるし……、友情だって愛と言えば愛ですからね。人が持っている、誰かを、あるいは何かを思う気持ち、他者に対する気持ちの尊さみたいなものがいまはすごく軽んじられているように思うから、その尊さみたいなことをちゃんと歌えたらいいなと思ってるんですよ。そして、それをちゃんと伝えるためには多分、何かに例えたり、いろいろ修飾を付けたりしないで、素直に歌えるような歌詞を書くことが大事なんだろうというのが、いまの時点での気持ちです。

愛というと、思いやりとか優しさとか、そういうことがよく言われるけれど、究極の話をすれば、愛とは言い方なんじゃないかなと思うんです。例えば友人がいけないことをしでかしたときに、〃たとえアイツに嫌われても、いま俺がちゃんと話をしなきゃ〃みたいなことがあるじゃないですか。「友達関係が終わってしまうかもしれないけど、これだけは言わないと、アイツはダメになっちゃうよ」ということが。そういうときに「オマエ、聞けよ！」という言い方をするんじゃなくて、諄々《じゅんじゅん》と諭すというか、そういうふうな言い方をする、と。愛情というのはそういうことなんじゃないかなと思うんです。

それはうわべの話じゃないかと思う人がいるかもしれないですね。でも、人の気持ちのなかにどんどん踏み込んでいくような、あからさまな言い方がいいのかと言えば、それはやっぱり逆効果になっちゃう気がするんです。愛情と言い、友情と言う限りは、そこにはある種のオブラートがあっていいような気がする。オブラートを付けられるかどうかが、愛があるかないかの違いのような気がするんですよね。

この年齢だからこその愛のアルバムって、そういうものなんじゃないかなって。秋にお届けする予定です。期待しててください。

○月×日

俺の誕生日の前日に「ＬＩＫＥ Ａ ＪＡＺＺ」の追加公演をやります

「ＬＩＫＥ Ａ ＪＡＺＺ」の追加公演が決まりました。9月21日、会場は例によってＢｉｌｌｂｏａｒｄ Ｌｉｖｅ ＴＯＫＹＯです。

お気づきの方もいらっしゃると思いますが、この日は俺の誕生日の前日です。Billboard Liveのスケジュールというのは、ずいぶん先までぎっしり埋まってるんですが、そのなかからこの日をなんとか都合つけてくださったみたいです。でも、ビルボードの方は何もおっしゃらないですよ。いいですよね。こういうのを粋と言うんでしょうね。

だから、俺としてはますますがんばらないといけないと思ってますが、と言っても大ヒットメドレーみたいなセットリストでやるという話じゃないですよ（笑）。Billboard Live TOKYOは、ロケーションも含め、落ち着いた雰囲気の大人な感じだし、お酒も飲めたりする空間だから、そこで何を表現するのか？ ということがいっそう注目されると思っています。そういう場所で、ただヒット曲を歌って盛り上がってもしょうがないじゃないですか。俺のなかでは、あそこは相当なことが許される場所であるような気がするんです。わがままだったり、自分本位だったり、あるいは大失敗だったり（笑）。そういうことが逆に盛り上がるというか。「ヒット曲を歌って盛り上がってもしょうがない」というのは、そういう内容ではあそこならではの魅力を感じさせてあげられないなと思うし、そういう表現だけでは石井竜也は語れない。俺自身も満足感を得られない。まったく、いいことがないんです。だから、先日のライブでも、お客さんのなかには〝カッコよく歌って終わればいいのに〟と思った方もいたかもしれないですけど、ひと言多いのが石井竜也ですからね（笑）。

○月×日

いろんなものを混ぜ合わせるということが表現なんじゃないか

「一陣 ＪＩＮ一」新歌舞伎座公演も、すでに10日を終えました。このシリーズは、俺にとっても初めて挑むことがいろいろあるんですが、同じ場所での5日間連続公演というのも初体験です。デビューから30年以上もたって、それでも初めてのことを経験させてもらえるというのは本当にありがたいことですが、「あははは」てな感じでやれるような簡単なことでもないですよね（笑）。

今日は休演日で、そのことにさっき気づいてびっくりしました。それくらい入り込んでるんですね。休演日なので、今日は「陣」とは関係ない話にします。

俺は小さい頃から油絵をやってますが、油絵というのは色を重ねることで深みを出していくわけです。絵の具のチューブから出した色をそのまま使ったら、それで終わりになると言ってもいいんですよ。なぜなら、それは絵の具屋さんが作った色であって、その人の色じゃないから。そこにちょっと黒を混ぜたり、ちょっと茶色を混ぜたりすることで自分の色になるわけです。というか、自分の心地いい色にするんですよね。お風呂と一緒ですよ。自分が心地いい温度って決まってるじゃないですか。甘い／辛いもそう。自分のなかでいろんなものを混ぜ合わせて、いいと思う度合いを見いだすわけですよね。それをみつけられるかどうかというのが、アーティストかそうじゃないかの分かれ目だと思うんですよ。表現者というのは、その度合いをよくわかっている人であるべきなんです。

そもそも、いろんなものを混ぜ合わせるということが表現なんじゃないかとさえ思うこともあります。それが俺の場合は、「LIKE A JAZZ」につながっているし、和テイストの楽曲につながっているし、米米CLUBにもつながっています。混ぜ合わせるということをしなかったら、「FUNK FUJIYAMA」みたいな曲なんてできないですから。混ぜ合わせて、混ぜ合わせて、自分なりの答えを形にして、それを人に見せるというのが表現ということなんでしょう。

ただ、人に見せると今度は好き／嫌いも含めた評価ということが出てきます。それを恐怖ととらえないで、「勝手にやってください」というふうにならないとやってられない。というか、そうでないといけないと思うんです。俺自身は、〝こういうことをやったら、ファンはどう思うかな？〟みたいなことを考えた時点でもう負けだなと思っています。ファンは、俺が描く自然な風景を見たいわけで、俺から「どういう風景を見たいですか？」とお伺いを立てて描いたような絵を誰も見たいと思わないですよ。そこは、俺なりの仁義の通し方というか、譲れないところです。

その上で、作品をどう感じるかは受け取り手の自由です。俺は相手のことを気にしないで自由につくるし、受け取り手は俺の考えや都合を気にしないで自由にそれを受け取る。良いと言う人もいれば、つまらないと言う人もいるかもしれない。「俺はこれを作るのにこれだけ大変な思いをしたんだぞ！」といくら言っても受け取り手には関係ないです。表現者は、表現を受け取り手にただ預けるしかないんです。そういう潔さこそが大事だと思っています。

というわけで、明日からまた、まな板の上の鯉ならぬ、新歌舞伎座の板の上の将軍となって、大団円へと向かいます。

○月×日

ついに「-陣 J-N-」ツアーを走り切りました

14日間におよぶ大阪公演、そして4月から続いたツアーがついに終わりましたわ。ほんま、ひと安心ちゅうか、なんや気ぃ抜けたみたいになっとりますわ。こんなになごう大阪におったこと、デビューからずうっと考えてもなかったでっさかい、わてもすっかり大阪弁になってしもて、さっぱりわやでんな。そやけど、コンサートのほうは、ほんま完璧やったで。われながら、ようここまで仕上げたな、思いますわ……。って、最後までなんとか大阪弁で通そうと思って始めてみましたが、やっぱり無理ですね。実際には、8月のアタマから3週間近く大阪にいたんですが、俺自身は大阪にいたという感覚がほとんどないんです。だって、ホテルと新歌舞伎座の間を行ったり来たりしてるだけでしたから。大阪に滞在と言うよりは「陣」の世界にどっぷり入り込んでいたと言うべきなのかもしれません。

いずれにしても、4ヵ月にわたった今回のツアーに、各地でおいでくださったみなさん、最後の大阪公演に集まってくださったみなさん、本当にありがとうございました。特に大阪公演に関しては、新歌舞伎座という会場や大阪という街も合わせて楽しもうということで、大阪地区以外の場所からも多数お出かけくださったようで、重ねてありがとうございます。そういう方は、地元に近いところで一度ご覧になって、大阪で見るのが2回目という人が少なくなかったようですが、2回目のほうが楽しめたという感想をたくさんいただきました。そういう声をいただくと、公演を重ねるなかでいろいろと微修正を施していったかいがあったなと思いますし、実際のところ、いちばん最初の東京公演と比べると、ずいぶんわかりやすくなったと思いますよ。舞台の上でやってるメンバーも、セリフは先に録音されてあったから、最初の頃はそれに合わせてパントマイム的に動いているだけでどうしても気持ちが入らないということがあったと思うんですけど、公演を重ねていくなかでその役にどんどんなりきっていってくれました。だから、例えば〝自分は70歳くらいのおじいちゃんなんだ〟ということをしっかり思い描きながらやってくれて、そうなるとダンサーの連中はそもそも体の動きを糧にしている人たちだから、ちょっとした所作や体の動かし方を工夫するようになっていくし、お互いにいろいろ意見も言い合ったりして、舞台全体の完成度がどんどん高まっていきました。そこがロングラン公演のいいところで、やればやるほどコミュニケーションは深まっていくし、出ている人はみんなお面をつけてるから誰が主役というわけでもなく、一人ひとりが主役で、そのみんなで一つのものを作り上げていってるという空気がすごくありました。俺自身も、いつものコンサートとはひと味違う感触を感じることができました。

○月×日

いくつになっても、石井竜也は好きなことをやり抜きます！

まずは先週末の誕生日、本当にたくさんのお祝いのメッセージをいただきました。あらためてお礼を申し上げます。

59歳になったということは、来年は60歳になるわけですが（笑）、俺は〝この年になったから、こうしよう〟みたいなことは考えません。いくつになろうが、お客さんに楽しんでもらえるものをしっかり届けていくということをやり続けていくしかないし、お客さんに楽しんでもらうためには自分がやりたいことに忠実でいることがいちばん伝わると思っています。で、〝これはやらなきゃいけない〟と思ったら、「ここだけはどんなに苦しくてもやらしてくれ」ということにしてしまいます。結果、事務所にすごい迷惑をかけたり、いろんなものを抱え込んでしまったりするんだけど……、そういうことを承知した上でしか、やりたいことをやり続けるということはできないんですよね。

「石井竜也はやりたいことをやってるな」と多くの人が思っているみたいなんですけど、ということは俺がやってることは俺自身がやりたいことであるように見えているということですよね。それは、すごく大事なことなんですよ。正直、やってる当人は苦しいこともあるんですが、それは言ってもしょうがないし、失敗も成功も全部自分のせい、というのが俺にはちょうどいいです。

それに、ものをつくってるときに苦しんでる自分なんて、人には見せたくないですよ。えてして日本人は、苦しんで泣きながらつくってるような姿に情熱を感じたりするけど、じつはそこに真実はないからね。本当に好きで、それがやりたくてしょうがないからやってるという人は涙なんて出てこないですよ。全然、苦労だとは思ってない。側から見たら苦労してるように見えるかもしれないけど、本人はむしろ楽しんでるんです。それが情熱ということだと、俺は思います。しかも大事なのは、そういうことの結果としてどういう作品が出来上がるかということなんですよね。その過程でどんな苦労があろうと、それは関係ないです。

あれっ⁉ 誕生日のお祝いのお礼を言うつもりが、「あらためて好きなことをやっていくぞ！」宣言みたいになっちゃいました（笑）。そんなことを宣言するくらいなら、他にお伝えしたいことがけっこうあるんです。米米CLUBの来年の全国ツアーが発表になりました。ホント、性懲りもなくと言いますか……、いやいやメンバーはみんな張り切ってますよ。もちろん新作のレコーディングも進めています。

と書いていくと、俺ってやっぱり忙しいですね。59歳になっても変わらない石井です、ということで引き続きよろしくお願いします。

○月×日

「LOVE DIAMONDS MESSAGE」ツアー

いよいよ今週末の6日からコンサートツアー「LOVE DIAMONDS MESSAGE」がスタートします。

それに先駆けて先週イメージビジュアルを公開したんですが、大炎上になっちゃいました(笑)。「石井さん、こっちの路線に行っちゃうの!?」みたいな感じで。そんなふうに賛否両論紛糾する感じは、俺としてはしてやったりなんですけど、お客さんのなかにはかなり面食らった方もいらっしゃったみたいで、いちばん激しい反応としては「こんな石井さんは見たくない!」という方もいらっしゃいました。でも、それくらい極端なことをやらないと、グレーゾーンというか、ちょっと興味はあるんだけどまだ見たことがないという人を引きつけるパワーは出てこないですからね。俺としては、59歳でいきなりあれをやっちゃう驚きを楽しんでもらえたらうれしいんですけど。

ステージ自体は、ファンタジックな感じに仕上げたいなと思ってるんです。そしたら美輪明宏さんみたいな、違う意味で非現実的な感じになってると受け取られてしまったということなんですけど(笑)。ステージセットは白と銀を基調にしてひたすらきらびやかで、ちょっと昭和の匂いもあるから、ノスタルジックな華麗さを感じられるかもしれません。それにサウンド面でもソウル的なテイストが今回は強いので、そこは性別に関係なく大人の恋を味わう場として楽しんでもらえると思います。

そう！　いちばん最初にお伝えしなきゃいけないことを書いてなかったですね。今回のツアーはラブソングオンリーなんですよ。しかも、別れの歌とか人生についての歌とか、「広い意味でのラブソング」ではなくて、恋愛のいちばんいい場面を歌った歌ばかりで構成します。だから、コンサートが終わって会場を出るときにはみんなファンタジックな気持ちになってるんじゃないかなあ。とりあえず、女性はうっとりした気持ちになると思いますよ。男性は……逆に変に冷静になっちゃうかもしれないですけど（笑）。

最後に、ちょっと先回りした話をしてしまうと、今回のツアーでいちばん言いたいのはダイヤモンドの価値がどこで決まるかという話で、それは言い換えると愛している人に完璧を求めてはいけませんよということなんですよね。愛していればこそ、何でも受け入れてあげるっていう。人と人が愛するというのは恋じゃないんだから。恋だったら相手に理想を求めるのもいいかもしれないけど、愛というのは現実だから。そこをいちばん言いたいんですよ。なにせ、恋をすれば傷つくんです。で、人を愛すれば、やっぱり傷つくんです。人というのはどうしても人を愛することになるし、同性同士で深い友情を結んだとしても、結局はどこかで傷つくんですよね。それは、現実の世界で生きている限りしょうがないことで、というのも人は一人ひとり違うからなんですよね。

○月×日

今年のGROUND ANGELのテーマは〝BREATH〟です

いまの時代は呼吸もままならないというか、おびえながら呼吸しなきゃいけないような環境汚染があり、また自然環境の大きな変化にさらされて、普通に呼吸をしたり、食事したり恋愛をしたり、といったことが当たり前のようにはできなくなっていると思うんです。だから、人間が生きていく上で最も大切なことの一つである呼吸ということをテーマにしたら、俺がいま考えたいと思っていることがわかりやすく伝わるかなと思ったんです。

生きているという実感や幸福感というのは、落ち着くこと、もっと言えばちょっとボーッとできるような時間を持てることとすごく関係があるように思うんです。でも、現実にはそういう時間はどんどんなくなってますよね。時間ができるとすぐに携帯をいじったりするでしょ。音楽や絵に触れられる貴重な時間なのにデジタルの光にずっと目を向けていることが多いと思うんですよ。それは、ある意味では自分でわざと暮らしを忙しくしているとも言えると思うんですけど、それ以上に問題なのは、そういうことがどんどん普通になってきているこの時代に生まれてきた子どもたちが〝自分もそういうふうに生きていくんだろう〟と思い込んでいますよね。そして、そういう子どもたちのありようを大人たちは、というか携帯みたいなデジタルアイテムがない時代を知っている世代の人たちは、時代の変遷として漫然と受け入れて、問題視できていない。その結果というか、案の定、世界はおかしくなってますよね。

余裕を持つ、という話をすると、すぐに経済的なことをみんな考えてしまうけれども、生活の余裕というのはそういうことじゃないですよ。豊かさというのは心のなかにあるものだから物品では決して表されないと思います。趣味嗜好とか味覚、そういうものを楽しめるのも余裕だと思うから、それが可能であるくらいの経済力は必要かもしれないけど、逆に「今週はちょっと贅沢はやめとこう」というふうに過ごすことも余裕の一つの形だと思うし、そもそも子どもは家族みんなで一緒に食事できればそれで気持ちは安らぐわけで、そういうことを楽しめるのがいちばんいいと思うんです。日本人というのは基本的には、すごくのんびりと穏やかに過ごすことを愛している民族だと思いますが、それでもやっぱりデジタルに侵食されている部分はすでに大きいし、さらにどんどん大きくなっていってますよ。

そこで、俺としては文字通り、ひと息ついてみませんか？　と言いたいわけです。

と言いながら、今年も残すところあとわずかです。いつものことながら、俺は今年も忙しく過ごしてきましたが、その時々の俺の考えや行動をしっかり見守ってくださっているみなさんには、本当に感謝しています。来年も、俺のいろんな気持ちや考えをここでしっかり発信していこうと思っていますので、ぜひお付き合いください。よろしくお願いします。

第5章 本日

BETWEEN 2019 AND 2021

2019年の「あけましておめでとうございます」

新年あけましておめでとうございます。本年も、よろしくお願いいたします。石井竜也の2019年は『LOVE DIAMONDS』の年と言っても過言ではないですから、ニューアルバム『LOVE DIAMONDS』について語ることがそのまま今年の石井竜也を語ることになると思います。

アルバム『LOVE DIAMONDS』は、あの素晴らしくも大変だった「陣 JIN」を去年は優先することにした結果、リリースが今年になりました。そのことを決めたときにはちょっと残念な気持ちもあったんですけど、今の時点で振り返ってみると、じっくり時間をかけて制作することができたのでむしろ良かったかなと思っています。

そもそもの気持ちとしては、ちょっと気になってる異性と手もつなげないような感じのなかで一緒にディズニーランドに出かけるような、そういう気持ちを思い出させるコンサートをやりたいなと思ったんで、それには激しいリズムの曲ではなくて優しいメロディーの曲のほうがいいだろうし、ちょっとキュンとする感じの展開が大事だな、と。だから、映画音楽のようなアレンジで、ロマンチックかつファンタスティック。聴くだけで女子力アップ！みたいな曲がいいなと思ってつくりました。そういう曲は、じつは男も好きだったりしますからね。

というわけで、今回のアルバムはひと言で言えばラブソング集であるわけですが、それも恋愛のいちばんいい時期のことを歌った曲ばかりです。今回の曲づくりを進めるなかで、あらためて恋愛についていろいろと思いを巡らせてみて思ったのは、恋愛というのはある意味では〝山〟だな、と。登っていく時期があり、下っていくこともあるわけだから。今回は、その山頂のいちばん高いところにいるときのことを歌いたいなと思ったわけです。

女性という性はきれいごとを言ってほしい性だと思うんです。女性は付き合い始めた次の日から〝この恋はいつまで続くのかな？〟と考え始めてしまうようなところがあるから、そういう気持ちを拭い去ってあげるのが男の仕事なんだけど、男にしてみればそういう気持ちを口に出すことは、なかなか恥ずかしくてできないというところがあるわけです。だからこそ、そういうことを歌で言ってあげるのがいいかなって。つまり、今回のアルバムは女性が言ってほしい言葉がちりばめられている歌が並んでるというふうにも言えると思います。やっぱり、女性は〝白馬の騎士〟に迎えに来てもらいたいわけですよ。どこまで行っても。だから、そこを歌おうっていう。逆に言えば、ちょっと恥ずかしいなと思っても〝白馬の騎士〟にならなきゃいけないときが男にはあるんです。だから今回は、ただのキラキラでは済まない切なさとか、生きていることの厳しさとか、恋人にも言えないような悩みとか、そういうことは全部消してあげたいなという男心で包み込むような歌にしたいなと思ってつくりました。

それがそのまま、２０１９年の石井竜也でございます。

○月×日

正月返上で、米米CLUBツアー「おかわり」の準備をしてました

1月も、もう9日ですよ。餅食ってダラダラしてちゃダメですよ。さっさと正月気分から抜け出してください。俺なんて、元旦から全然正月気分じゃないですから。どうして？って、明後日11日から米米CLUBの全国ツアー「おかわり」が始まるからですよ。

去年は本当にいろんなことをやりましたから、その間は米米のことは忘れて、自分がやるべきことに入り込んでたんです。そこからまた米米の頭に切り替えるのが大変で、年末は正直〝どうしたらいいんだろう……〟みたいな感じになった時期がありました。そういうなかで明け方までかかってセットリストを考えたら、スタッフから「ちょっと時間が長いと思うんで、なんとかなりませんか……」みたいな話もあったりして。〝もう汗の一滴も出ないぜ〟と思ってるのに、「もう1キロ、ダイエットして」と言われるような感じですよ。現実問題としては、リハーサルに入ってから、やりながらタイトにしていくということになるんですけどね。やってみないとわかんないことが、相変わらずいっぱいありますから。メンバーも、「おせきはん」がすごく楽しかったから、いつにも増して意気込んでる感じがしてて、変に熱いんです（笑）。そういう意味でも、やりながら整えていくしかなかったですね。

ただ、米米はメンバー同士が長い付き合いになってきて、お互いのことをすごくよくわか

り合ってるので、そのせいでなあなあになっていかないように、あえてちょっと残酷なことをやらせるということも俺は意識してるんですよ。ぬくぬくと〝友だち同士でやってます〟みたいなのがいちばんカッコわるい。友だち同士なんだけど歯を食いしばってやってる、みたいなテンションでライブが進んでいくと、見ているほうは楽しいと思うんですよね。

そういう意味では、米米が始まった時点から、俺はわざとバンドから離れるようにしてたところがありますね。というのも、バンドって他のメンバーと真逆のことを言う人間が一人はいないと、うまくいかないんですよ。着地するところは、俺の思ったところじゃなくてもいいんです。みんなが思ったところに行けばいいんだけど、そこに行くまでの過程が大事で、多少なりとも反対意見があるなかでやっていくと、「じゃあ、こうしたらいいんじゃない」「いや、こうしようよ」みたいになっていって、出来上がりにどんどん深みが出てくるし、メンバーそれぞれも十分には出しきってなかった部分を表に出すようになって、お互いに高め合う感じになっていくことがあるんです。だから、ひとりくらいうるさいのがいたほうがいいんですよ。

そんなことをいろいろ考えてたら、いつの間にか新しい年が始まってて、だから正月気分になんてなるわけないじゃないですか！　って、俺は誰に言ってるんだろう？

そんなことより、明後日から始まるツアーはちゃんと楽しいライブに仕上がってますから、みなさん、ぜひバカになりに来てくださいね。

○月×日

米米は絶好調ですが、石井個人は60歳に向けいろいろ考えます

先週の金曜日、市川市文化会館に来てくださったみなさん、そして一昨日の月曜日、神奈川県民ホールに来てくださったみなさん、ありがとうございました。いやあ、米米CLUBはいつでも絶好調ですね（笑）。一昨日なんて、成人の日ですよ。日本中で「これから大人として頑張っていくぞ」と若者たちが決意を新たにしてる日に、いい大人があんなバカなことをやってるんですからねえ。ホント、絶好調です。

ところで、俺は今年60歳になります。20歳になるときには俺も何か決意を新たにするようなことがあったかもしれませんが、今年はそういうことはありません。というか、一つすごく覚えていることがあって、それは俺のおやじが70歳になったときに聞いてみたことがあるんです。「70になって、どうなんだよ？」って。人間、70にもなれば、いろんな機微もわかって、仙人みたいなことを言うのかな？　と想像してたんですけど、おやじの答えは「初めてだから、わかんないよ」って（笑）。〝なんちゅうおやじだ〟とそのときは思いましたけど、後になってよく考えてみたら、〝そうだよなあ〟とすごく納得しました。例えば60のときに同じようなことを聞いたら、おやじもうちょっと気負ったようなことを言ってたかもしれないですが、70になるとそういう余計なものが取れちゃうのかもしれないなあって。人間っ

て、そういうものなのかもしれないと思うんですよね。

そのおやじの言葉からもう一つ学んだことがあって、それは60歳を過ぎたらもう年齢のことは考えないほうがいいということです。歌いたいことを歌えばいいと思うんですよ。歌いたいものが少年のような歌だったら、それを歌えばいいんだよなって。ただ、道に反したようなことは歌っちゃいけない。そういう年齢だと思っています。

○月×日

平成の最後に考えたこと

米米ＣＬＵＢは、今回のツアーでも相も変わらずバカなことを真剣にやり続けましたが、その佳境に入った頃に新元号が発表され、終盤には何でもかんでも「平成最後の」という枕詞がつく世の中になってきました。というわけで、俺にとって「平成最後の」全国ツアーは、米米ＣＬＵＢのツアーということになりました。これも運命ですね……。なんて、ずっと前からわかってたことなんですけど（笑）。

それはともかく、日本人は気持ちを変えるための節目みたいなものが好きじゃないですか。しかも今回は、昭和から平成になるときと違ってずいぶん前からわかってたことですから、新元号についてもいろいろ予想したりして盛り上がったというか、みんながこの節目のことをすごく考えましたよね。その上で、俺は「令和」というのはものすごくいい元号だなと思いました。すごく人に寄り添った元号であるように感じたからです。

考えてみてくださいよ。前の時代が平和の〝平〟を使った「平成」で、現在の皇太子殿下が即位されると、平和の〝和〟の字を使った「令和」の時代になるというわけですよね。つまり、この危なげなアジア情勢のなかで、親子二代にわたって「みんなで平和について考えましょう」ということを願っていらっしゃるように思えるんです。しかも、そこにはお二人の愛があり、絆があり、また天皇というお立場に対する使命感のようなものもすごく感じるんですよね。

かく言う俺も……と、このお話の後につなげるのはちょっと畏れ多いですが、自分なりに平和について考える取り組みを続けてきました。その過程で、「石井さんは9・11がなくてもGROUND ANGELのような取り組みを始めていたと思いますか？」と聞かれたことがあります。その質問に対するはっきりとした答えを俺は持ち合わせていませんが、ただ長く音楽をやっていると、音楽の意味というものを考えるようになっていくんですよ。〝なんで音楽ってあるんだろう？〟とか、〝音楽にはどんな可能性があるんだろう？〟とか。それは、どんなアーティストでもその人なりに考えると思うんです。で、俺の場合は〝音楽の意味や可能性を、例えば平和の祈りに結び付けられるといいな〟と思ったということなんですよ。9・11が一つのきっかけになったわけですけど、きっかけなんて何でもいいと思うんです。大事なのはやることだし、やり始めたら続けることが大事なんですよね。

続けていくのは、それはそれは大変です。人間ですから、間違ったことを言うこともあるでしょう。間違ったことをやってしまうこともあるでしょう。それでも恥をしのんで続けていかなきゃいけない。それは、そんなに簡単なことではないですよ。

それに、音楽もアートも社会を自分の都合の良いように動かそうとする人たちに利用されてきた歴史がありますよね。軍艦の絵を描かせられたり、何とか閣下の肖像画を描かせられたり。芸術家は本当に苦しみながらやってきたんですよ、じつは。だからこそ俺は、アートを世の中の動きとは別に考えるというふうにはなれないんですよね。本当は、別個にしたいなとは思うんですけど。思うんだけど、世の中のことを考えずにはいられないし、考えていくと、そりゃあ、やっぱり平和な世の中がいいなと思うわけですよね。だから、「令和」という新元号を知ったとき、すぐに〝平〟から〝和〟への引き継ぎだと思ったわけです。

○月×日

ツアー「OH! ISHII LIVE」、そしてバルカン室内管弦楽団との共演

俺のソロツアー「OH! ISHII LIVE」が始まります。今回は全部自分の曲で構成することにしました。恋にキラキラしちゃってる恋愛の頂点にいるときの曲と、どん底状態を歌った曲を、2曲ずつ交互に歌っていくっていう。ジェットコースター的構成と言いますか。そんなこと、誰もやらないですよね。歌う気持ちをなかなか切り替えられないです

から。しかも、MCで場をつなぎながら気持ちを切り替えようとしてると、.it－manに茶々《ちゃちゃ》入れられるっていう。俺は、きっとつらいでしょうね。そのMCパートの緊張感も見どころの一つと言いますか、俺が困ってるところを見て楽しむっていう。かなりサディスティックなステージとも言えますね。

それにしても、新元号になって最初のツアーを自分の歌でスタートできるというのはある意味では光栄なことだし、60歳を前にしてこういう実験的なことをまだやれる自分を垣間見ることもできるのは、俺自身がうれしいし、すごく楽しみでもあります。新しい時代のスタートをそういうツアーでスタートする石井竜也にどうぞご期待ください。

そして、その初日の4日後には一夜限りのスペシャルライブ「石井竜也 with バルカン室内管弦楽団スペシャルコンサート2019 DREAM OF FUTURE」を開催します。

このコンサートは、俺の曲を、バルカン室内管弦楽団をフィーチャーしたスペシャルなアレンジでお届けするというものなんですが、この企画の実現に尽力してくださったというか、ご提案いただいたのは指揮者の柳澤寿男さんです。柳澤さんは現代の日本のクラシック界を代表する指揮者であるばかりでなく、コソボフィルハーモニー交響楽団の首席指揮者として、長く混乱の続いた同地域で活動を続け、さらには同地域と対立関係にあったセルビアのベオグラードでもタクトを振り、音楽を通した平和活動に取り組んできました。バルカン室内管弦楽団も、その設立には柳澤さんが大きく貢献しています。

2017年にNHK-Eテレで放送された『SWITCHインタビュー 達人達 石井竜也×柳澤寿男』という番組をご覧になった方も少なくないと思いますが、俺と柳澤さんはその前年の2016年にオーチャードホールで共演していますし、そもそも柳澤さんは俺に会うなり「石井さんのファンなんですよ!」と言ってくださった方です。さすがの俺も、そのときはびっくりしたし、やっぱりすごくうれしかったですよね。だから、今回もすごくやりやすいというか、気持ちを開いて臨めます。冷静に考えれば畑違いと言っていい俺と柳澤さんがこんなふうに一緒に音楽をやれるのは不思議な気がする一方で、平和であることがどんなに大切かということを考えてそれぞれの取り組みを続けてきた二人だから、会うべくして会ったということなのかなという気もしますね。

○月×日

大樋焼十一代目と先代の展覧会に行ってきました

6月の初めに、銀座・和光で開かれていた大樋焼の第十一代大樋長左衛門先生と、そのお父様で文化勲章を受章されている大樋陶冶斎先生の展覧会に行ってきました。

これまで俺が先生から見せていただく作品というのは苔《こけ》むしたような感じの、重厚感のある作品が多かったんですけど、今回の展覧会で見た作品はブルーとか真っ赤とか、すごく色があふれていて、だから俺としては「お父さんと一緒にやるということの喜びがあったのかなあ」なんてことを感じました。先生のすごく深いところまで見せていただいたなあと思うのは、同じものを淡々とつくる職人芸みたいなものづくりもちゃんとできることを見せた上で、文字通りの一点物もあって、その全体がなんだか喜びにあふれているんです。それが本当に素晴らしいと思ったんですよね。

それにしても、十代目と十一代目が二人展をやるというのはなかなかないことで、しかも銀座のど真ん中という目立つ場所でやってしまうという、その勇気というか、思い切りの良さというのも先生らしいなと思います。おまけに相手は、お父様とは言っても文化功労者ですからね。その人の作品と同じ卓の上に自分のものが並べられるわけで、それはよほどの覚悟がないとできないことだと思うんですよ。そういうところにも、俺は惹かれるんですよね。

と同時に、刺激もすごく受けたので、絶賛「OH！ ISHII LIVE」中ながら、いろんなことを考えています。で、一つのことに思い当たりました。俺は、自分なりの空間をつくるために歌を利用していると言える側面もあるのかな、お客さんと自分のステージをつなげるためのツールとして歌を使っているところもあるなって。

ひと言で言えば、俺は「ショーを見せたい」と思ってるわけです。「歌を聴かせるんだ！1曲1曲、心を込めて」という感じじゃなくて、どちらかと言えば「遊びに来てね」という感じに近いかもしれない。「OH！ ISHII LIVE」みたいなことを思いつくのも、歌というもの、そしてそれを歌っているシンガーというものについて、そういう考えでいるからでしょうね。

ただ、利用している感覚だからといって、歌を野蛮に扱うかということもまったくないですよ。むしろ、「歌が命です」と言う人以上に歌に対してていねいに取り組まないと、本物のおふざけにはならないですよね。「歌、うまいね」と言わせなければ、それは成り立たないんです。そこの基準は自分のなかで相当厳しくしていると思います。だからこそ、.it-manに「いい歌だよねえ」とか言われるのが面白いんですよ。「そういう言い方はないんじゃないかなあ」と、俺は独り言のように言うんだけどステージはどんどん展開されていってしまうっていう。自分のリズムでは到底進めていけなくて、あたふたしてるのが面白いんです。

大樋先生と先代の素晴らしい展覧会に大いに刺激されて、自分のコンサートについてまで熱く語ってしまった石井でした。

○月×日

「LIKE A JAZZ」は〝ISHII JAZZ〟

7月に3年目の「LIKE A JAZZ」コンサートを開催することになりました。ありがたいことに今回も腕利きミュージシャンが集まってくれて、俺だけがエセというラインナップになります（笑）。

今はどんどん海外に出て行って武者修業する、〝本格派〟のミュージシャンも多いじゃないですか。もちろん、本場のものを直接見聞きすることは大事だろうけど、そこに入り込み過ぎると自分を見失ってしまうことにもなりかねないという一面があると思うんですよ。例えば「こんなの、ジャズじゃないよ」なんて言い出したら、もういけないと思うんです。〝LIKE A〟くらいが、加減としてはちょうどいいと思いますよ。だって、日本はそれしかないんだから。はっきり言って〝LIKE A JAZZ〟って俺の曲のことを言ってるわけじゃないですからね。日本人の表現すべてについて言ってるんですよ。

最初にニューオーリンズの人たちがどんな思いでジャズをつくっていったのかということは歴史にちゃんと残っているわけで、それをアメリカの人たちもよくわかっていて、やがて白人がやるようになり、俺たちアジア人もやるようになったけど、やっぱり、出どころというのは強いんですよ。それをあまり追いかけてもしょうがない、というのが俺の持論です。

違う角度から言うと、米米CLUBが日本の音楽賞の最高峰を獲得できたのは、米米がファンクというものを間違ってとらえているからだと思うんです。俺たちは、ファンクの王道を突き進むんだ！　みたいなことはまったく考えていなくて、ただ自分たちの指の赴くままに、というか一度ファンクもジャズも全部忘れて、ただ16ビートに身を委ねたらどういうフレーズが出てくるか？　というところから生まれたのが「FUNK FUJIYAMA」や「KOME KOME WAR」だったりするので、それをロックに感じる人もいればファァンクに感じる人もいるというのは、米米CLUBの良い加減さだと思うんですよね。それは、良い加減であり、加減が良い具合だったんですよ。だから、笑えるんです。それに、そういうことをわかっていながら「ファンクです！」と言っちゃうっていう(笑)。見る人が見れば、「こいつら、本気で言ってないな」というのはすぐわかるんですよ。そういう「偽物で結構です」って感じが面白かったんだろうなと思うんですよね。

話を〝LIKE A JAZZ〟に戻すと、俺がやってるのはあくまで〝ジャズっぽい〟音楽だけど、それは他の人にはできないんですよ。俺がやってるのは、〝ISHII JAZZ〟だから。

○月×日

石井流デフォルメは自分らしさの追求ということかも

相変わらずツアーの準備と新作の制作を並行して進めているんですが、そのなかで何人かと話しながら、気がつくと同じような話をしていました。それは、音楽でも絵でもわかりやすくするという意味でのデフォルメという作業があると思うんですけど、俺が思うデフォルメという作業には自分っぽくするというのとかなり重なる部分があるなあという話です。

例えばゴッホみたいな絵を描くんだったらゴッホ自身の絵を見たほうがいいし、スーラみたいな絵を描くんだったらスーラを見たほうがいいですよね。つまり、手法みたいなことを勉強することは必要だけど、そのオリジナルを超えることは絶対にできないんだから、勉強し終わったら、それは捨てるべきなんです。勉強というのは捨てるためにやること、と言っていいのかもしれない。この年になってやっとわかったけど、勉強して、それを実践したら、出来上がりは誰でもできるものになっちゃうんですよね。というか、そういうふうにものがつくれる、あるいは描けるようになるために、勉強するんです(笑)。でも、みんなが見たいのはそういうものじゃなくて、その描いた人自身がべろっと出てきてるものなんですよ。だから、デフォルメという作業に必要なのは、自分の美学に合うように形を変えていくということだと思います。例えば「ジャズだったらこうやるんだけど、俺としてはここは歌謡曲にしたいから、こうするよ」みたいなことですね。そういうふうに、自分に寄せるということが大事だと思うし、そこに表れるものこそセンスだと思うんです。オリジナルそのままだとただのマネだし、と言って自分に寄せ過ぎるとそれは独りよがりになってしまいますから。

言い換えると、自分がいいなあと思うポイントを自分がわかってるかどうかということがいちばん大事だという気がします。そこを度外視して、例えば「ファンクはこうあるべきだ」とか言い始めると、ファンクという大きなものを語っているようで、じつはそれはまったく独りよがりなことになってますよね。

ジャンルというのは、言ってしまえば、何も知らない人に説明するためにつくったものでしかないんですよ。ジャンルというものを超えてしまえば、そのことに気づきます。〝こんなことはちょっと勉強すればできちゃうな〟って。〝だったら、自分が本当にやりたいことをやるべきだな〟ということに、40歳、50歳ともなると気づくんですよ。それは、それくらいの年になるくらいまで時間をかけたからわかるということなのか、人間がバカだからそれくらい時間がかかってしまうということなのか、どっちなのかわからないですけど。でも、それはどっちでもよくて、とにかく気づけばいいんです。気づかない人が多いんですけど（笑）。

というわけで、本当にやりたいアルバムをつくり、本当にやりたいコンサートを準備している石井でした。

○月×日

60歳になっても〝自分なりの前人未到〟を目指します

この9月22日で60歳になりました。俺自身は〝もう、「おめでとう」でもないでしょ〟という感じなんですが、それでもお祝いしてくださるみなさんには心から「ありがとうございます」と言わせていただきます。

それにしても、どれだけ年を重ねても変わらないものは変わらないなあと思うことがあります。例えば、自分がつくり上げたものに対する自分自身の評価がそうです。何をやっても〝足らないなあ〟ということがあるように感じるんですよ。でも、スタッフにも誰にも言わないで自分の中でぐちゅぐちゅ思ってて、それはデビューしてからずっと変わらないですね。

自分に対する評価については、最初から失敗として見てるようなところがあるんです。仮に80点だったとしても、〝どこが20点足りなかったんだろう？〟って、そっちのほうが気になるんです。自分に厳しいとか、そんなたいそうなことじゃないですよ（笑）。要は、欲張りなんじゃないですか。自分に対しては、「石井くん、80点取れたんだね。すごいね」というふうには絶対ならないんですよね。

同じような意味で〝俺とは違うなあ〟と思うのが、キャリアを積むことで客観的に自分の作品を見極められるようになる人です。そういう人は、どちらかと言うと職人さん的な志向が強いと思いますね。「こういうことを繰り返すんだ」ということができる気質というか。でも俺は、やればやるほど判断の基準は難しくなるし、そもそも気持ちでつくってないものはピンとこない、というところがあるんですよね。

もちろん、30年もやってると慣れるということはあるから、職人さん的にやれる部分も増えていくんだけど、慣れたとしても痛いものは痛いですから。その痛みの種類が変わることもあるし。つまり、どれだけ長くやっても、ものをつくり続けている限り、常に脅威はあるということです。脅威があると思えないんだったらプロはやめたほうがいい、とも言えますけど。だって、物事がそんなにうまくいくわけないですから。みんなそれぞれに、溺れそうになりながら、何かにつかまったりして、命からがらやってるところがあると思いますよ。というか、そう思わないとやってられないですよ。〝俺だけじゃねえや〟と思わないと（笑）。

そんな命からがらな感じのことをやってるのは、自分でもバカだなあと思います。でも、アーティストというのはそういうある種の〝冒険〟は絶対やらないとダメなんですよね。というか、ある意味ではそういうところに向かっていくのが俺たちの仕事だ、みたいな感じがするんですよ。〝自分なりの前人未到〟というかね。人は行ってるかもしれないけど、自分としては行ってなかったなというところまで行くというのを、いつも一つは必ずつくって、そこに挑むっていう。

というわけで、今週末は福岡で〝自分なりの前人未到〟に挑みます。

○月×日

快調!! 「NYLON CLUB～006～」ツアーと並行して新作も制作中

29日の日曜日、福岡国際会議場メインホールに来てくださったみなさん、ありがとうございました。前回〝自分なりの前人未到〟なんてカッコいいことを言ってしまいましたが、ステージはやっぱりカッコ良かったですよね（笑）。

考えてみると、先日の福岡のステージが60歳になって初めてのステージだったわけですが、最近時々思うのは〝この世界はやっぱり年齢は関係ないな〟ということです。それは、FMヨコハマでやってる俺の番組に来てくださる方の話を聞いててもすごく感じるんですよ。これまで、あまり人の話を聞かないでやって来たんですけど（笑）、人の話も時々は聞いてみるもんだなと、最近思ってます。人の話を聞かないで一人でやってると、下手な心配をするわけですよ。心配しなくてもいいところを心配してたり、逆に心配しなきゃいけないところを心配してなかったり（笑）。そういうところが自分にはいっぱいあるなということにも気づいたりしてます。

ただ、そういうあれやこれを知って、その結果、人間がまん丸くなっちゃったらダメだとは思うんです。だから、60歳にはなりましたが、いびつではあってても、「そこが俺は好きなんだ」というところは残しててもまったく問題ないと思っています。だって、きれいな丸は面白くもなんともないから。「だいたい球体だな」くらいの、丸くなり方が俺は好きですね。

ところで、このツアー「NYLON CLUB～006～」と並行して、ニューアルバムの制作が佳境に入ってまして、『TOUCHABLE』というタイトルです。今回のツアーが始まる前に、使えるネタが何かないかなあと思ってハードボイルド系の映画とかいろいろ見てたんですけど、「アンタッチャブル」に〝UNTOUCHABLE〟の〝UN〟を血で書いた線で消して、TOUCHABLE、つまり「お前なんて、すぐに捕まえてやるよ」というメッセージを伝える場面があって、ピンと来たんですよね。UNTOUCHABLEというのはみんなけっこう耳にしてる言葉だと思うんですけど、TOUCHABLEとなると、なんだか笑っちゃう感じもあるでしょ。それに、俺は子どもの頃「たっちゃん」と呼ばれてて、それにも通じてるなと思って。

ジャケット写真も撮りました。60歳になったタイミングで出すアルバムだけど、赤いチャンチャンコなんて絶対嫌だなあと思ってたから、赤は赤でも血の赤にしようと思って。それで、俺が椅子に縛り付けられて、ボコボコにされて、水をぶっかけられて、でも秘密は絶対喋らないっていう。そういうイメージのモノクロの写真です。あとは中身が出来上がるのを待つばかりですが、それを俺が今、ツアーの合間を縫って必死につくってるわけです(笑)。

もちろん、ツアーもますます盛り上がっていきますよ。明後日の金曜日は仙台、そして日曜日は東京です。ぜひ会場でお会いしましょう。

○月×日

プロのものづくりに必要なこと

ここのところ、今後のプロジェクトの準備というか仕込みというか、そういうことに時間を費やすことが続いているんですが、そこで関わった何人かの人から「石井さんって、〝俺の表現はこうだ!〞みたいな感じかと思ってたら、むしろいろんな人の意見を取り込んで進めていかれるんですね」みたいなことを言われました。確かにそうなんです。

俺は、〝自分がやりたいことは30%でいい〞と思ってるんです。

もう少し具体的に言うと、やりたいことをスタッフに説明する場面で「全体的には、こういう感じなんだ」とボヤーっとさせておくと、それぞれのパートのプロたちが「となると、こんな感じですかね？」みたいな感じで、どんどんアイデアを出してくれます。そのなかから、自分のイメージにいちばん近いものを「そうそう！　これっ！」と言ってあげると、その人はいよいよ燃えるわけですよね。そうやって、一緒に仕事をしてくれてる人がみんな「石井と仕事してると面白いんだよな」って、最初のファンになってくれないと、うまくいかないんですよ。そのための雰囲気づくりは、けっこうていねいにやってるかもしれないですね。実際、僕がスタッフに送るメールって、「ありがとう」ということしか書いてないですから。それと「ごめんなさい」と。スタッフも、「自分がこうやったんだ」と言えることがあれば、達成感を覚えることができるだろうし、関わっているスタッフの一人ひとりがそういう感覚を持てたプロジェクトは絶対うまくいきます。

「やりたいことの30％」と言いましたけど、それは現実的にはすごく大きな割合で、俺が押さえたい30％はじつはプロジェクトのほとんどを形づくっているポイントなんです。その上で、残りの70％はみんながやったように、持っていくんですよ。「それは、確かにそうだよね」って。そうやって、スタッフの気合を上げていくということを、俺はいちばん大事にしていると言ってもいいかもしれない。それは、コンサートもレコーディングも、他の仕事でも俺がやってることは全部そうしてます。結果、俺と付き合ったスタッフはみんなずうっと長くやってくれることになってますよね。

だから、音楽そのものをつくることも大事なんだけれど、プロになったならば、音楽を1

00％自分でつくることを目指すのではなくて、どれだけその雰囲気を周りに伝えられるか、どれだけその具体的な例を出してあげられるか、ということを考えるべきだと思うんです。そういうものを出せれば、あとはみんながそこに寄ってきてくれるから。そして、いろんな人が寄って来てくれることが出来上がりをさらに大きくするんですよね。

30％という割合は、もちろん長くやってきたなかでわかったことですよ。若い頃は、駄々っ子みたいに「是が非でもこれ！　これができないんだったら、全部やらない！」という俺もいましたけど（笑）、やっぱり映画をやってね。そこでいい勉強をさせてもらった気がします。

それから、ウチのおやじから受け継いだものも大きいようです。おやじは、ポーっとしているようでじつは物事の中心をいつも見ているようなところがあって、とにかく雰囲気づくりがうまかったんですよ。「まあ、いいじゃないか」とか言いながら、なんとなくおやじのペースに持っていかれちゃうっていう。そういうところはおやじの血をもらったのかなと思って、心の中で手を合わせてます（笑）。

○月×日

GROUND ANGEL、今年のテーマは〝EARTH〟です

12月の初めに、大阪と横浜でGROUND ANGELのコンサートがあります。今年の

テーマは〝EARTH〟です。

　地球は一つの生き物で、俺たちはその表面に住まわせてもらってるだけの、言ってみればカビみたいなものです（笑）。そういうふうに体にまとわりついたものを犬や猫がブルブルッと振り払うように、地球がスッキリしたくなることも時にはあると思うんです。これまでにも、何億年という時の回りの間にはそういうことが何度か起こったと思いますが、最近の気候を見ると地球規模の何かが出てきてるなと感じることが多いですよね。人間も動物だから、前兆はなにがしか感じるんじゃないかなと思うんです。不安な感じがしたり、どういうわけか素直になれないなと思ったり、妙にイライラしたり。「天変地異が起こるぞ！」みたいな話をしようと思わないですが、何か地球規模での転換期に差し掛かってるのかなとは思いますよね。だから、自分たちのことだけを考えて生活するのが人間の業だとは思いますが、それをちょっと脇にやって、一度周りを見回してみるということが今は必要じゃないかなって。地球から「ちょっとお前たちも周りを見てみろよ」と言われてるような気がしています。

　ただ、人は自分からあまりにも遠いことや自分よりもあまりに大きいことは考えないですよね。目の前にはいろいろ考えなきゃいけないこともあるから、「地球規模で気候がこうなってる」とか「隣国との関係はこうだ」とか、そういうことはあまり考えないし、それに怖いことになりそうな話はあまり考えたくないですよ。だからこそ年末のこの時期には、普段あまり考えないことを提案したいなと思うんです。１年に一晩くらい、そういうことを考える日があっても大人としてはいいかもねって。

○月×日

クリスマスイブに神様について考える

メリークリスマス！

よく言われることですけど、日本では25日よりもイブの24日のほうが盛り上がりますよね。そのこと一つ見ても、日本ではクリスマスに宗教的な意味合いを感じている人は多くないと思いますが、もちろんそれが悪いわけではありません。「俺はクリスチャンじゃねぇから、クリスマスなんて関係ねえよ！」という言い草も、はっきりとカッコ悪いですよね（笑）。

俺自身は米米の頃から、宗教自体に対しても宗教者に対しても、それほどリスペクトの気持ちは強くないと思っています。特に、俺たちのようなアーティストと呼ばれる存在は、自分でつくって、自分で責任をとって、自分で泣いて、みたいな（笑）。そういう人間は、無宗教じゃないといけないいんじゃないかなという気もするんですよね。言い方を換えると、自分という、たった一人の信者がいる宗教を信じてる人間しかやっちゃいけないんじゃないかなって。

アーティストという人間は、本当にとんでもない世界の住人です。何かを保証してくれるハンコを押されることもない。当たる／当たらないは偶然。潤沢な資金があるわけではない。

その人自身のクリエイティビティは高くても、その年にそのクリエイティビティを形にした作品が出せるか？　という問題もありますよね。情熱はあったとしても、情熱があることといい作品ができることとは別の問題だし。つまり、確かなものは何もないわけです。そのことを理解し尽くして、痛い目に遭い尽くして、それでも一人でやるんだという気概の人間しか生き残れないし、そもそも居てはいけないんです。アートという世界には。そういう世界にいて、しかもずっと何かつくり続けようとしてるから、〝コイツ、バカだなあ〟と思われるかもしれないし、逆に〝コイツの作品、なかなかいいな〟と思ってもらえるのかもしれない。そういう場で、俺たちは生きてるんです。無宗教にもなりますよね（笑）。

そういう俺から見ると、世の中の人が〝神様〟という言葉を使う場面にちょっと違和感を覚えることがあります。一般には、救われるということを説明するのに神様を使いますよね。苦しさを紛らわせるか、願望を成就させるか、そのどちらかのために「神様、お願いします」と言うじゃないですか。でもそれは、ちょっと違うんじゃないかな、と。まず自分の夢があって、あるいは望みがあって、それが成就できたときに神様にお礼に行くのはいいと思うんですけど、逆に失敗したときには、そのことを認めて、自分で考えてもう1回トライするっていう。そういうのが本当の神様との付き合い方なんじゃないかなあ。そんな気がするんですけど、人間は弱いから、いちばん弱ってるときに神様のところに行くんですよね。人間というのは、そういうものです。俺だって、弱いです。

そういう俺に、今年も1年間、お付き合いいただき、本当にありがとうございました。良い年をお迎えください。

○月×日

2020年の「あけましておめでとうございます」

あけましておめでとうございます。本年もよろしくお願いいたします。

昨年5月の令和最初の日に続いて、令和最初の元旦に、こうして俺の気持ちをお届けできるというのは、やはり俺は〝持ってる〟と言いますか、おめでたい男なんだなと思います。〝おめでたい男〟と言うと、別の意味も出てきますけど(笑)、そちらの意味も含め、やはりこういう区切りの日には石井竜也が欠かせないなと思っております。

さて、石井竜也は2月12日にニューアルバム『TOUCHABLE』をリリースするわけですが、その歌詞は映画のような内容にしようと思って書いていきました。特に〝スナイパー〟や〝秘密諜報《ちょうほう》部員〟というキャラクターについては、最初はちょっとふざけて書いてるようなところもあったんですが、あるとき〝これは意外と深いぞ〟と気づいたんですよね。

歌詞の参考にしようと思って、ハードボイルド的な世界を描いた映画も何本か見たんですが、そのなかのある作品で、元諜報部員だった主人公が自分を襲ってきた相手を殺して、その死体に向かって「すまない」と言うシーンがあるんです。そこで、俺も映画の監督をやった人間だから、そのセリフを言わせた監督の意図を考えてしまうわけですけど、とりあえず昔の映画だとそういうシーンで主人公がカッコつけて「無情だ」みたいなことを言うわけですよね。でも、そういうシーンで情けを言葉にすること自体が、俺は間違いだと思うんです。依頼を受けて人を殺す人間を描くのに、情で描いたらダメだと思うし、そういう稼業の人はおそらく情では動いてないですよ。

ただ、その人にも情はあるんですよね。だから、その人の行為にあえて言葉を当てるとすれば、無情とか非情とか、そういう言葉ではなくて、〝一心〟じゃないかなと俺は思うんです。〝やんなきゃなんない〟と自分で思い込むってことですよね。昨年末の、神様についての話からの流れで言えば、実際にそういう稼業の人間がいるとして、彼こそが、自分ではどうしようもない、神様とも言えないくらい大きな力を、誰よりも感じてるんじゃないかなという気もするんです。使命を帯びて、殺人を犯す男。彼こそが、ある意味では、いちばんの宗教的人間かもしれない。それは、一つの能力と言っていいくらいのもので、だから殺し屋という稼業における大事な能力とは一心になれるかどうかということだと思うんですよね。

同じ意味で、一心になる能力を持っている人、あるいは一心になってしまう人を、世の中ではアーティストと呼んでるのかもしれないと思ったりします。アートは、意味として人を殺すこともあるし、命を救うこともあるし、つまりは人の生き死にと真っすぐつながっているという意味でも殺し屋稼業と近いかもしれないですね。

一心という心のありようと近いなと俺は思うんですけど、「邪気がない」という言い方がありますよね。たいていは子どもがやってることを表現するときに使いますが、邪気がない状態というのはじつは恐ろしいなと思うんです。だって、無邪気と言われる子どもはじつは残酷ですよね。死生観もないし。だから、まっとうな大人は、邪気がない状態というのは人に見せたくない。恥ずかしいから。絵描きが普段はアトリエにこもって描くのも同じ理由です。まっとうな絵描きは、絵を描いているときには無邪気になってますからね。

ちなみに、そういう絵描きのまっとうな感覚と真逆のことに挑んだのが、「ＡＲＴ ＮＵＤＥ」ですよね。あれは、そういう無邪気な状態で絵を描くということを人前でやるシチュエーションを作って、そこに自分から飛び込んでいくという所業です。ということは、ある意味では自殺なんですよね。だから、あれは俺みたいに一度死のうかなと思ったような人間にしかできないことなのかもしれないと思うんですよね。

○月×日

9年目の3・11

また、この日が巡ってきました。あの日から9年たちましたが、俺の気持ちもまったく変わっていません。

「千年希望の丘」プロジェクトという取り組みがあります。詳しくは、ホームページ(https://sennen-kibouno-oka.com)をぜひご覧になっていただきたいのですが、4月25日に宮城県の岩沼市で行われるそのプロジェクトの植樹祭が最終章を迎えるということで、俺が歌わせていただくことになりました。

9年前の震災直後、俺の田舎の家の庭に、津波で流されてきたいろんな家財道具が20メートルくらい積み上がっていました。それを、満天の星の下で見上げたときの光景がまだ俺の目には焼き付いています。世の中ではそういうものを瓦礫と呼んでましたけど、とんでもないですよ。あれは、思い出山なんですよね。それを見たときには涙がこぼれてきましたけど、その自分の涙さえも〝安っぽい涙、流しやがって〟と思っちゃいました。悔しいというか、なんと言うか……。そういう体験をしたから、このプロジェクトを知ったときは、本当に〝サイコー！〟と思いました。〝あのとき、本当にひどい思いをした人だけが考えられることだ〟と思ったんです。

日本中の人たちが瓦礫と呼び、放射能汚染を気にして誰も関わろうとしなかったものを自分たちで埋めて、その上に木を植えるというのは本当に素晴らしいアイデアですよね。俺は、文字通り、飛びつきましたよ。「これ、どこでやってるんですか！」って。それで、自分でこのプロジェクトの事務所に駆け込んだら、代表の細川護熙さんは昔から知ってる人間のように接してくださいました。以来、俺も何かできないかと思って、必死に動いてきました。

そういう取り組みだから、俺自身は人からは本当にどう言われようと関係ないんです。またアートの話になっちゃいますけど、アートというのは自発なんですよ。自分発信なんですよね。だから、人がどう思ってるかとか、どんなこと言われてるかとか、そんなことはどうでもいいんですよね。自分がやろうと思ったことに邁進《まいしん》するっていう。作品づくりがまさにそうだから。結局、問題は自分なんですよね。アーティストと呼ばれる人間は。十字架を背負わされようが、やり続けるしかないんですよ。

それと同じように、〝これはやりたい！〟と思ったんだから、このプロジェクトについてもやり続けるしかないと思っています。もし興味を持った方がいらっしゃったら、4月25日の植樹祭にぜひ一緒に参加しましょう。

○月×日

この状況をいい方向に持っていけるよう心を整えることが大事だと思います

Billboard Liveでの「LIKE A JAZZ」公演も中止になりました。残念です。が、肉体的にも精神的にも疲れないようにすることが大事なので、俺もちょっといろんな部分を休ませようかと思います。みなさんも、ちゃんと休みをとってくださいよ。
世の中全体がこういう状況になると生活が窮屈な感じになるのは仕方ないことですけど、

考えてみると良い面もあると思うんです。例えば子どもって、汚いままでも平気だったりするじゃないですか。そういう彼らに手洗いとかうがいのクセをつけさせる、いい機会だと思うんですよね。レストランに行ったときや買い物の際に、人に対する振る舞い方を教えたり。そういうちょっとしたしつけというか、人を思いやることをしっかり理解させる期間になると思うし、社会というものはなかなか自分の思い通りにはならないんだよということを教える機会にもなると思うんです。

そして、こんな状況もいい方向に持っていけるように自分の心を整えることが大事だと思います。ジタバタしてても、うつるときはうつるんだから。具体的には、「いざそういうことになったらどの病院に行くのがいいのか？」「保健所の電話番号はわかるか？」みたいなことをちゃんと調べておくとか。それは人のためじゃなくて、自分のために。自分を大切にするということは人を大切にすることと同じだから。

それから、いろんなコンサートやスポーツイベントが中止になって、寂しい思いをしている人が多いと思いますが、そういう状況にも良い一面というか、プラスに転じられる面もあるんじゃないかなと俺は思ってるんです。テレワーク体制になった方も多いと思うんですけど、そうなると時間に余裕ができるし、家にいる時間も増えるだろうから、自分のなかで何ができるかということをいろいろ試してみるのもいいんじゃないでしょうか。それに、今や個の時代なので、個人が何を考えているかというところで民度は測られますよね。そういうことも含めて、このたびのことで自分の時間が増えたら、自分を磨く時間に使うといいんじゃないかなあって。〃この際だから、コンピュータでいろいろできるようになってみようかな〃とか、〃ちょっと絵を描いてみようかな〃とか。それは、とっても素晴らしいことだと思うんです。

どんな状況もプラスにできるはずだし、それは自分次第だと思うから、ぜひみなさんそれぞれに自分にとって充実した時間をお過ごしください。

○月×日

「LIKE A JAZZ」を開催することができました

まず、2日の日曜日と3日の月曜日、Billboard Live TOKYOにお集まりいただいたみなさん、いつにも増して厚くお礼を申し上げたいと思います。正直に言って、俺たちも〃どうなるのかな?〃という気持ちがありましたが、そうした不安は来てくださったみなさんのほうがはるかに大きかったと思います。それでも、始まってみればいつも通り、と言っても会場のみなさんは「キャー、すてき!」とか言えないわけですけど、俺にはちゃんとその心の叫びが聞こえてましたよ(笑)。MCでも話しましたが、みんなで集まれることの幸せを大いに感じましたし、みなさんにも楽しんでいただけたようなので、それが何よりもうれしかったです。

ちなみに、両日とも2回公演だったんですが、1stステージと2ndステージとでは少しセットリストを変えました。1stステージのお客さんには「1stのセットリストが最高ですよ」とお伝えして、2ndステージのお客さんには「2ndのセットリストが最高です」とお話ししました。世間ではこういうのを二枚舌と言うのかもしれませんが（笑）、本当に1stのときには〝1stのセットリストが最高だな〟と思いながら歌ってたし、2ndのときには〝やっぱりこれが最高だよ〟と思ってたんですから、しょうがないです。少なくとも、1stのお客さんに「2ndのほうがいいから、2ndも見に来て」と言うよりはいいですよね。

ところで、お客さんの前で歌うということをこれだけ長くやらなかったのは、デビュー以来初めてのことだと思います。俺としては、そんなに変わらないだろうなと思ってたんですよ。いつでもステージ、みたいな感じだから（笑）。ただ、これだけ長くやってきてしまったせいで冷静にいろんなことを考えてしまうというところがあって、それ故の恐怖とか緊張というのはもしかしたらあるかもしれないということも一応は考えていたんですけど、フタを開けてみたら、緊張してました（笑）。ステージに立ってみてあらためて思いましたが、やっぱりこの半年くらいは本当に特殊な時間だったんですよね。

○月×日

アーティストというのは答えを提示するのが仕事じゃないんですよ

一つのことをやり切ると自然に次が動き出すもので、Billboardツアーの成果を踏まえながら次にやることを考えているんですけど、今あらためて思うのは物事っていうのはやりようだよなということです。

「今はこういう世の中だからまったくできない」と言ってしまえば、話は終わってしまいます。そうじゃなくて、「こういう世の中で何か面白いことをやろうとしたら、どうするのがいいんだろう?」と考えるほうが建設的ですよね。それに、安全を確立するやり方というのも実際に試してみないと本当のところはわからないから、どんどんやっていくしかないんです。こういうふうにがんじがらめな感じの世の中になってくると、俺は基本ワルだから、なんでもぶち壊したくなるんですよね。「何が消毒だよ」って(笑)。「君は消毒液」という曲をつくろうかな、なんて思ってるんですけど。

ちょっと真面目な話をすれば、こういう世の中になって、これまで以上に愛とか恋とか、優しさとか思いやりとか、そういう〝きれいごと〟と言われるような内容が歌われていますよね。でも、そういうことの実態って1個体で見たときにはみんな違うから、そういう内容を歌うときに〝これが答えだ〟という感じで出しちゃダメなような気がするんです。俺は変態だから変態っぽくやってるんだけど、同時にそういうふうに楽しんでもらうしかない気もするというか……。普遍的なものというのは、それなりに難しい意味が含まれているから、100人いたら100通りの答えがあるように思うんです。そういうものに関しては「これだ！」というようなことを言っちゃダメなような気がするんですよ。むしろ、自分も答えがわからないなかで歌ってるからいいんじゃないですかね。

違う言い方をすると、アーティストというのは答えを提示するのが仕事じゃないんですよ。そのヒントというか……、「答えを僕は知ってるけど、ここに出すのはヒントだよ」というようなものではなくて、見てる人がたまたま見つけ出して、それを言われて逆にアーティストが「それを、ヒントだと思ってくれるんですか」と感心するっていう。そういうものだと思うんですけどね。

そんなことを考えたりしている今日この頃、俺が歌えば「君は消毒液」という曲だってすごいラブソングになるんだろうなと思っている石井でした。

○月×日

米米CLUB初の無観客配信ライブ「OMUSUBI」

米米CLUBの配信ライブが発表になりました。

35周年ツアーの代わりになるとは思っていませんが、来年に延期になったツアーへの弾みにはきっとなると思うし、その時間は間違いなく特別なものになると思うので、ぜひ期待してください。

それにしても35年というのはバカにできない長さですよね。俺自身はちょっとあきれてしまう感じですけど、やっぱり「これだけ長く続けられる秘訣《ひけつ》はなんですか？」みたいなことをよく聞かれます。そんなこと、俺にわかるわけがないし、そもそも間にちょっと空白期間があるわけですけど（笑）、一つ思うのは米米ＣＬＵＢというバンドは、普通の社会では生きていけない、言ってみれば破綻者ばかりが集まってるというところはあるような気がするんです。ＭＩＮＡＫＯを見れば、よくわかりますよね（笑）。金ちゃん（フラッシュ金子）とかも、ピアノを弾いてる姿を見て、正常だとは思えないし。それでも、俺みたいなとんでもなく一般の社会から逸脱した人間が、あいつらに対しては素直になってしまうというのは、あいつらなりの特殊性というのがあって、それは俺のいい部分をグイッと持ち上げてくれたり、あるいは俺を認めきってしまって全部開いて受け入れてくれたりしてるからだと思うんです。普通だったら、自分の技術を見せようとか、カッコよく思われようとか、人はするものですけど、そういう感覚が欠落している人間たちが集まると（笑）、ああいうバンドが出来上がるんでしょうね。欠落度がいちばん高いのは俺なんですけど。だから、メンバーはみんな〝この人が生きられるんだったら、まだ俺も大丈夫だな〟と思ってるんだと思いますけどね。

ただ、つくっていく過程では感性がぶつかることもあるんですよ。そういう場面がないと、いいものはできないですから。どんな巨匠でも、誰からも文句言われなくなるとどんどん作品はつまらなくなっていくじゃないですか。俺は巨匠でもなんでもないですけど、ものづくりの現場で「ああでもない、こうでもない」と言い合うことで、俺自身がより濃く出ていくことにもなるんですよね。

コンサートでも、メンバーそれぞれにいろいろとバカなことをやってもらってますが、それも俺がその人の雰囲気というか漂っている感じというか、だいたいのところはつかむということでこれまでやってきたわけで、つまり米米のステージで見ていただいているのは俺の見立てによるメンバーのキャラクターということなんですよね。本人にしてみたら、〝そうじゃねぇんだよなあ〟と思ってるのかもしれない。それでも、俺が見てて〝この人は、こういうところに使ったら面白そうだなあ〟というところでやってますから、こっちが思ってるのと全然違うところに行こうとすると、それはわりとしっかり言うんです。口うるさい母親みたいな感じで(笑)。性格、ということなのかもしれないですけど。

というわけで、配信ライブでもバカなことをいろいろたくらんでいる石井でした。

○月×日

61歳の誕生日を迎えて考えたこと

昨日、61回目の誕生日を迎えた石井竜也です。

いきなりの話になりますが、この間気がついたことがありまして。鳥を見てたんですよ。鳥は赤ちゃんを産むんじゃなくて、卵を産むじゃないですか。それは楽でいいなと思ってたんだけど、見てたら鳥はずうっと卵を温めてるんですよね。哺乳類はおなかのなかで育てて、その期間はすごく大変なんだという話を女性のみなさんがよくされますけど、卵で産むのも大変さは同じなんじゃないかなあと気づいたんです。シャケなんかも簡単そうだなと思ってたけど、実際には卵を産むというところまでいけるシャケはすごく限られているわけで、やっぱり厳しいよな、と思うし。

何が言いたいかというと、俺たちがいろんなものをつくっている作業も……、俺らは好きでやってるんだから「つらい」とか「大変だな」とか、そういうことは考えたことないですけど、ものを生み出すというかつくっていく作業というのは〝形が違うから、これは楽なんだろうな〟なんて思うのは大間違いで、何でも大変なことの連続なんだよなあということをしみじみ思ったんです。だから、例えば締め切りが迫ってきて、追い立てられて、それで仕方なく、あまりちゃんと見ないまま、あるいはしっかり考えないまま、二つあるうちから「右でいいよ」と言ってしまった、と。そういうことが、俺だってなくはないんですよ。結局は、それで良かったんだなということがわりと多いんですけど。

この間もそういう話をしてて、「それは石井さんに才能があるからですよ」と言われてしまったんですけど、後から見て間違ってなかったなと思うほうを選ぶのは、おそらく才能というほどの大げさな話ではないです。そうじゃなくて、しっかりやり続けていると、間違った選択はそんなにしなくなるということがあるんですよね。それに、仮に間違った選択をしてしまったとしても、その「間違い」は自分にとっての、ということです。人からどう思われるかというのは、俺は全然気にしないですから。逆にと言うか、「そこを気にするくらいなら、歌のことを気にしろよ！」と自分でツッコミを入れたくなることもあります。俺が気にしてるようなことは、誰もまったく気づいてないようなことだったりするから（笑）。そこは、他のアーティストにはない、俺の変なところかもしれないですね。もっと大まかにというか、おおらかにやれたらいいんでしょうけど、できないんですよねえ。

最近思うのは、おおらかと言うのとはまたちょっと違いますけど、ある程度形が整ったらあとは体が動いていくのに任せる、というくらいがちょうどいいなということですね。ものをつくるという作業は、ほぼ計算でやっていくものだけど、その計算のもとにある程度まで進めたら、その後はもう自然に体が動いていくのに任せる、と。結果、頭のなかで考えていたもの、つまり計算上の出来上がりとは違うものができたほうがいいんですよね。というか、そういうものづくりこそが健康なんだと思います。

〇月×日

「LIKE A JAZZ PARTY」

今日から「LIKE A JAZZ PARTY」が始まります。

この〝LIKE A JAZZ〟のシリーズは、最初から1回で終わらせるつもりはなかったんですけど、回数を重ねてくると、その回数以上に定番なイメージが高まってきちゃいました。やっぱり俺って、JAZZYなイメージなんですかね。

ただ俺自身は、自分の役割はきっかけをつくるということだと思っていて、それはジャズについても同じです。つまり、俺のライブを見てジャズを専門にやってる人のライブも見てみたいなと思ったら、それはそれでいいし、〝やっぱり石井のLIKE A JAZZをまた見たい〟と思ってくれたらそれはもちろんうれしいっていう。だから、〝LIKE A JAZZ〟の現場でいちばん意識しているのは〝気軽〟ということです。やってるほうも気軽、見ているほうも気軽。誰にも責任は持たせない、という感じですよね。実際、ステージでは本当に無責任なことしか言ってないですから(笑)。

ライブに臨む気持ちは、ある意味では米米と同じです。米米の場合は、米米のあのムードをその場につくり出そうとするわけだけど、〝LIKE A JAZZ〟ではジャズのムードというか、ショー的な要素も入れ込んだ上で、ジャズの香りがフワッと漂ってくるようなライブになればいいのかなと思ってるんです。言ってしまえば、俺にとってのジャズはムードづくりですよ。

今回はタイトルに〝PARTY〟が付きましたけど、こんな状況でもあるし、みんなで盛り上がる明るいパーティーではなくて、シックに豊かな時間を楽しむ大人のパーティーをイメージしてもらったほうがいいと思います。夢のようなバラードをゆったりお届けして、このライブの間は現実の息苦しい状況を忘れてもらえるといいなと思っています。今回は、明日19日の2ndステージを配信でお届けします。月並みな言い方になりますが、今から申し込んでもチケットは〝最前列〟です。ぜひ、いい夜を一緒に楽しみましょう。

○月×日

2021年は米米CLUBニューシングル「愛を米て」からスタート！

来年1月6日にリリースされる米米CLUBのニューシングル「愛を米て」の話をしたいと思います。

表題曲の「愛を米て」は、年明け8日から全国で公開される映画『大コメ騒動』の主題歌です。この映画は、1918年に富山県の貧しい漁師町で起こった〝米騒動〟という歴史上の出来事を扱った物語なんですけど……、みたいな話をすると「歴史モノか……」と興味が色あせる方もいらっしゃるかもしれません。でもこの映画は、映画としてすごくリアルでヒューマンな物語を描いていると俺は思っています。しかも最後にはうれし涙があふれてくるような映画なんですよ。そもそも〝米騒動〟自体、わかりやすいからそう言ってるけど、実際は女性の人権獲得運動なんですよね。この映画でも、子どもも育てなきゃいけない女性たちはどれほどたくましくないと生き抜けないかということをちゃんと描いています。つまり、女性の映画なんですよね。

2021年の米米は、そういう映画の主題歌からスタートすることになるわけですが、その初回生産限定盤に付くDVDには先日の配信ライブで披露したショートムービー『男はつらいぜ』のメイキングミュージックビデオ、題して『俺は河原の諜報部員』が収録されます！

いいですよねえ、あの主人公。俺は大好きですよ。本人は諜報部員だとか言ってますけど、自分で言ってるところがそもそもうそっぽいですよね（笑）。胡散臭いというか。フーテンの寅さんにもそういう感じがありますけど、胡散臭さという意味では明らかにあの主人公のほうが勝ってますよ。

それから、あの主人公や寅さんみたいに、その存在自体が騒動のタネみたいな人っているじゃないですか。どこかに行ってたのが帰ってくると、みんな〝また大変なことになるぞ〟と思うんだけど、その人が帰ってきたこと自体は喜ぶというか、温かく迎え入れるんですよね。昔は、そういう人が多かったような気がします。ウチの周りにも何人かいましたよ。その人が家に来ると、子ども心にも〝早く帰ってくれないかなあ〟と思うんだけど(笑)、来ないとなんだか寂しい感じもして。

ちなみに、カールスモーキー石井という人にもそういうところがありますよね。みんなから〝しょうがねえなあ〟と思われてるんだけど、同時にすごく愛されてる人。すごく愛されてるんだけどしょうがないことをやる人、と言うべきですかね(笑)。変に、その場を盛り上げちゃうんです。盛り上げるのはいいんだけど、そこじゃないんだよなっていう。そう考えていくと、あの人も寅さんみたいな人になりたいとずっと思ってたのかもしれないですね。

1月6日と言えば、ちょうど正月疲れみたいなものが襲ってくる時期ですから、ぜひこのDVDを手に入れて、思い切り笑ってください。

というわけで、今回が今年最後の配信になります。今年のことは言い出すとキリがないので、一つのことだけ言います。楽しさを忘れないでほしいなと思いますよね。みんな、いろんな意味で苦しいことが多いと思うんです。でも、結局は全部、自分で判断していくしかないです。今は、自分で判断していく人生を学ぶいい機会なんじゃないかと思うんですよね。

この時代に生きていると、自分で選んでるつもりでも、どこか提供されてしまってるところがありますよね。楽しさというのは、そういうものじゃないような気がするんです。自分で探しに行って初めて見つけられるものだと思うから。今は外に出かけていくということが難しい世の中だから、ぜひ自分の家の中でやれる楽しさというものを見つけてほしいなと思いますね。

そして、何よりも健康で、良いお年をお迎えください。

○月×日

2021年の「あけましておめでとうございます」

あけましておめでとうございます。本年もよろしくお願いします。

しかし、めでたいですね。何がめでたいって、今日は米米CLUBのニューシングル「愛を米て」の発売日ですよ。愛と米が一度に届いちゃうんですから、こんなにめでたいものはないです。そのことがちゃんとわかってないのか、ただのバカなのか、この間「愛をこねて」とか言ってる人がいましたけど、愛はこねちゃダメなんです。真っすぐに届けないと。そういう意味でも、これ、名盤です。

俺の2021年はそこからスタートになるわけですが、今年は年の初めに思ったことを自分にも周りの人間にもしっかり示す意味で書き初めを書いたんです。なんて書いたかと言うと、年末の横浜のライブをご覧になった方には予告しましたけれども、「軽率」です（笑）。

普通は「軽快」とか書くのかもしれないですけど、そんな快活に歩き出せるかと言えば、この状況だと難しいでしょ。だったら、クスッと笑えるのがいいじゃないですか。この後も、2月1日に米米で配信ライブをやって、2月半ばから「LIKE A JAZZ 7」があって、ゴールデンウィークの頃には「OH! ISHII LIVE」があって、ともうスケジュールがしっかり決まっているわけですが、俺としてはあくまでも軽率に(笑)、やっていきたいと思っておりますので、みなさんもふさぎ込んだりせずに、笑いながら見守っていただければと思います。

おわりに、に代えて

TATUYA ISHII INTERVIEW

「軽率」と書き初めて始まった石井竜也の2021年は、停滞する世の中の隙間を縫うようにして、止まることなく転がり続けている。行方の定まらない状況にあって、しかしとにかく何かを表現し、発信し続けようとすることを止めないのは、あるいは「軽率」な振る舞いであるのかもしれないけれど、ここまで読んでこられた読者のみなさんは、それこそが石井流であることをもう了解されているだろう。

石井は、2月に米米CLUBの配信ライブを行い、さらには東京と横浜で「LIKE A JAZZ 7」の公演を果たした。3月には〝LIKE A JAZZ〟のバンドとオーケストラが融合したEARTH MIND コンサートを実現し、それを終えると休む間もなく沖縄に向かい、番組を収録。4月には米米CLUBのライブ映像作品『a K2C ENTERTAINMENT 2020-OMUSUBI-』をリリースし、5月には「OH! ISHII LIVE」をスタートさせた。この状況下だから、そのツアーも山あり谷ありという展開で進んでいったが、もちろん完遂し、8月に行った「LIKE A JAZZ 8」では1stステージと2ndステージがほぼ別メニューという、みずからハードルを上げる試みに挑んだ。

「LIKE A JAZZ 8」の東京公演を終えた数日後に、石井に会った。世の中の空気は、オリンピックの余韻と目の前のコロナ禍の混乱がない交ぜになったよどみのなかにあったが、石井はその状況をある意味ではクールに眺めている。彼が気になっていることの中心は、別のところにあるからだ。

インタビューは、「はじめに」でも指摘していた、この国の多くの人がとらわれていると思われる〝未来病〟の原因を掘り下げるところから始まった。

石井　なぜ自分を見失っちゃうんだろう？　と考えてみると、日本人であることの誇りであるとか、今生きてるということ、本日生きているという、その〝今〟感がないからだろうと思うんです。「はじめに」にも書きましたけど、未来というものは常に自分の身体を通過していってるんだということ、通過していってるということは自分の後ろに過去がちゃんとあるということ、そのことをちゃんとそれぞれが見据えていないと、その人の人生は恥ずかしいものになりますよ。

――どんどん未来がやって来るから、これまで積み上げてきた過去の価値をしっかり確認することより、やって来る未来のことに気持ちが奪われてしまうのかもしれないですね。

石井　どんな未来が来ても大丈夫という一応の準備をしているのと、「俺は3年後にはこうなるぞ」って背伸びしている感じと、どっちが自然な体勢であるかはもうはっきりしてますよね。だって、繰り返しになりますけど、未来はどんどん来てるんだから（笑）。そういうことを、「日本人だから」というのではなく、地球人としてみんながわかっていれば、オリンピックは終わったばかりですけど、例えばサッカーのフーリガンみたいな連中もいなくなると思うんですよね。サッカーの日本のサポーターが、試合が終わった後に自分たちの席の周りのゴミを拾って帰ったとか、対戦相手のいいプレーにも声援を送ったりして、世界中から称賛されましたよね。実際、素晴らしいことだと思いますよ。それこそが未来だと思うんです。日本人が、日本人として当たり前にやってるようなことが普通に広がっていくことが。

――石井さんが言われる「日本人としての当たり前」という感覚とは、どういうところから生まれるものなんでしょう。

石井　俺たちは、中学や高校で剣道や柔道をやりましたけど、その〝道〟というのが日本人の宗教観だと思うんです。神道の〝道〟ですよね。それは、八百万《やおよろず》の神がこの空気中にすべていらっしゃって、それが未来の流れとして全部、俺たちの身体を通り抜けていってるということなんですよね。あるいは、暴風雨も地震も雷も、それはすべて神様が何かを伝えようとしていらっしゃるんだという考え方ですよね。それが、俺はいちばん自然だと思うんですよ。つまり、俺が言ってる未来についての考え方というのは神道に近いと思います。アニミズムですよね。

――以前、アートやアーティストという言葉の語源はアニミズムに通じていると話されていましたね。

石井　唯一アーティストに許された宗教観は、そこだと思うんです。自然のありようを何もかも受け入れた上で、それが俺たちに何かを言ってくれてる、教えてくれてるんだっていう。それをありがたく思うことが、アーティストにとってはいちばん大切なことだと思うし、それはお客さんに対しても同じことが言えるかもしれないと思うんです。だって、観客という一つの社会があって、そこが自分に何を求めているのか、観客はどう思っているのか、ということを考え、その気持ちをこちらが慮《おもんぱか》って発信すること、表現することが、ある意味では未来をつくっていくことでもあるんだから。世の中のアーティストという人の多くは、歌を歌って「これが、俺のメッセージだぜ」とか言うわけだけど、歌とは内容じゃないと俺は思うんですよ。

――この10年の発言を振り返ると、石井さんの歌やさまざまな表現には日本という国の文化、そして石井さんが生まれ育った北茨城の風土というものが大きく影響を及ぼしているということをあらためて感じますが、そういう大きな時間の流れの真ん中というか、いちばん石井さんに引き寄せたところがあるのはお父さんとお母さんであるような気がするんです。

石井　その通りだと思いますよ。

――仮に、石井さんがエンターテイナーとしてここまでやれてきたのはお母さんのしつけのおかげだとすれば……。

石井　仮に、じゃなくて、本当にそのおかげだと思いますよ。だって、おふくろにどれだけ叱られたか……。で、おじいちゃんにはよく殴られたりもしましてね。いつも神棚の下に座ってましたから（笑）。

――（笑）、畏《おそ》れ多い感じなんですね。

石井　この人は神様なんだなっていう感じで。後ろを通り過ぎるだけでも台風が通っていくような感じがあって、こっちは〝何もありませんように……〟と思ってると、いきなりパンと頭をたたかれたりするんですよ。で、「食べたもん」とか、言うんです。俺が、食べたものをちゃんと片付けてなかったんですよね。でも、「それを片付けなさい」というところまで言わないんですよ。「食べたもん」って（笑）。おじいちゃんはそういう感じでしたけど、おふくろはもっときっちり言ってくるんです。生活の基本として決まっていること、例えば毎日遅れずに学校に行くとか、朝はそれに間に合うように起きて朝ごはんをちゃんと食べるとか。あるいは、お客さんが来てたら、お辞儀してあいさつをするとか。そういうことを厳しく言われましたよね。おふくろの家系はみんな教師の家系ですから。

――そのお母さんに、「おふくろのしつけのおかげだと言われた」と報告したら、どういうふうに答えられると思いますか。

石井 「当たり前のことをやっただけですよ」と言うと思いますよ。というか、俺が人間として当たり前のことをやれてるのは自分が教えたからだと思ってないかもしれないですね。当たり前のことだから。

――なるほど。

石井 だって、ステージで俺が猥談《わいだん》をしたとしますよね。そしたら、終演後に楽屋に来て、「そこに座りなさい」って始まっちゃうんですよ。「あんた、さっきなんて言ったの。もう1回、お母さんの前で言ってごらんなさい」って。「いや、覚えてないなあ。ああいうときは、どこかに意識が行っちゃうから……」「そういうことは聞いてない！」って。

――（笑）。

石井 （笑）、いまだにそういう感じなんですよ。でも、おふくろにしてみれば、当たり前のことを言ってるだけなんですよね。だから、俺が有名になったのは私のおかげだとか「私の教育が良かったんだ」というようなことをおふくろの口から聞いたことがないし……。というか、そういうことを言うのはおふくろ自身がいちばん嫌いなことなんですよね。そういうおふくろを、俺は本当にリスペクトしています。こういう母親って、今いないよなって。俺ね、近所でイタズラして、消防車とか救急車とか、どんどん来ちゃうような騒ぎになったことがあるんですよ。

――騒ぎというか、大事件じゃないですか。

石井 で、おじいちゃんに、蔵に放り込まれて。さすがに、そのときはおやじもおふくろも、おじいちゃんを止めなかったですね。ホント、怖かったんですよ。大きな土蔵なんですけど、電気はついてないし。俺はずっと泣いてたんですけど、夕方におふくろが出してくれて、「最初におじいちゃんに謝りなさい」って。そしたら、おじいちゃんは「仏壇に謝れ」って言うんです。子どもだから、〞なんで、そんなこと言うんだろうなあ？〞と思うんだけど、とにかく謝るわけですよね。仏壇に手を合わせて。そういうことの積み重ねというか、いろんなことを家族はもちろんだけど、あの街にも教育されたし、文化的なことに触れたりして、日本ってものすごく深いんだなと思わせてくれたのも故郷だったんですよね。

――生まれ育った場所から教わることというのが、確かにありますよね。

石井　だから、この本のタイトルを考えたときに〞本日の日本〞という言葉がすぐに出てきたのは、自分が日本人だということの証明ということと、いま生きてるというその実感と、その二つのことにこの〞本日の日本〞というのはピッタリだと思ったんです。で、ちょっと考えてみてください。日本って、〞日のもと〞という意味なら〞元〞という字でも良かっただろうに〞日の本〞と書くのはどうしてだろう？　って思いませんか。

――言われてみると、確かに気になりますね。

石井　それから、いきなり思い出したことがあって、俺は昔、デビューしたての頃、テレビやラジオに出たときに、司会の人が「本日のお客さまは……」と紹介しようとすると、その「本日」にかぶせて「日本の……」って言ってたんですよ、ギャグで。わけわかんないですよね（笑）。どうして、そんなことしてたのかなあ？　と思うんですけど。だから余計、気になるんですよ。

――その頃から、石井さんのなかで〞本日〞と〞日本〞がセットになってたんでしょうか。

石井　どうなんでしょうね。それで、あらためて考えてみると、〞本〞という字は〞木〞という字の、それこそもとに〞一〞が入ってるという成り立ちですよね。だから、そもそもは木なんですよね。パルプですよ。本を作ってる紙の原料ですよね。で、本というものについて考えれば、それは知性とか文化の象徴というか、そういうものが詰め込まれたものですよ。それが作られた時代のバカも利口も全部が詰め込まれてるものですよね。仮にそれがデジタルという形だったとしても、そこに書かれている内容はその時代の文化なんです。昔の人がなんで日本という名前をこの国につけたのかというと、そういうことなんじゃないかなって。

――日と文化の国、ということですか。

石井　そう！　お日様を大切にし、そして毎日を大切にし、そこで積み重ねられる文化を大切にしていこうと考えたときに、それは〝日元〟でも、日出る国という意味で〝日出〟でもなくて、やっぱり日本なんだなっていう。お日様があるということはありがたいことで、それは未来を表していて、その未来は常に俺たちを通過していて、でも何が来るのかはわからないっていう。だって、お日様が見えないときもありますからね。そういうことを日本という名前は教えてるんだろうなと思うし、そういうなかで起こる神様のイタズラに人間がもし対処できるとすれば、それは本を生かさないといけないということなんだろうなと思うんです。つまり、人間が考え、文化として継承してきたことを生かさないといけないんですよ。それなのに、それを破ってしまったから、あんなにひどい津波の被害が出てしまったわけじゃないですか。

――東日本大震災で東北を襲った津波のことですね。

石井　あの地域には、明治時代に来た津波のラインがちゃんと言い伝えられていて、「ここから先は、人は住まないほうがいいよ」と昔の人が教えてくれていたのに、それに従わなかったわけですよね。そのラインを越えて街を作らなければ、あれだけの数の人が死ぬようなことはなかったんです。ちゃんとくいが打ってあったわけですから。そこにも、〝本〟があったわけですよね。それは、その場所で生きていくために人間が考えを積み重ねてつくり上げた知恵ということですよ。日本というのは、日が昇っていく未来を見つめて、過去も見つめて、そこで学んだことを知恵として本に残していくっていう。この〝日本〟という言葉には、そういうことの全体が集約されてると思うんですよね。

――この国の人々の本来の日々の営みを凝縮した言葉なんですね。

石井　本日という言葉についても、同じようなことが言えると思うんです。今日、この日はもう二度と来ないんですよ。今、こうしてしゃべってる、こういう時間ももう二度と来ないかもしれない。そういう出会いとか別れというようなことも、本という字のなかには仕込まれているでしょ。〝人〟という字も入ってるし。しかも〝木〟という字は、言ってみれば命の源ですよね。ウチの家の前にも東京都の十大神木の一つと言われてる木がありますけど、どんな大嵐でも枝ひとつ折れないですよ。ホント、木というのはすごいなと思うんですけど、それと同時に色も鮮やかなんですよね。初夏には本当に深いグリーンになって、それから季節が移り変わっていくなかでどんどん黄色くなっていって、冬にはもちろん真っ裸に

なっちゃう。そういう印象的な変化も見せてくれるんですよ。

――石井さんは「自分はいつも季節感のない生活をしてる」と言われますが、石井さん自身は当然のことながら、そういうふうにしっかりと季節の移り変わりを日々感じているんですね。

石井　大事なのは、そういう変化に反応できる感性を磨く上でも日本という文化をまず知らないといけないと思うんです。「私、フランスが好きなの」とか言って、外の世界に興味を持つのはすごくいいことだとは思うけれど、いくら好きでもフランス人にはなれないわけだから。外に広がっていくのはいいけれど、まず日本のことを知ってから外のことを勉強したほうがよりおもしろく感じられるんじゃないかなと思うんですよね。いろいろ知っていくと、日本ってやっぱりなかなかの国ですから。で、いろんなことを知ってくるとどうなるかといえば、誇りとか自分の流れている血というものを実感することになるだろうし、そういう自分が今生きているのはおじいちゃんとおばあちゃんがいて、その前にもそれぞれのおじいちゃんとおばあちゃんがいて、そういうふうに何代もご夫婦がいて、それがうまくつながって今の自分がいるということに思い至るはずなんです。それは、すごく大事なことですよ。

――お父さんのお話も聞かせてください。石井さんのお父さんが70歳になられたときに、石井さんが「70歳ってどう?」と聞いたら「初めてだから、わかんないよ」と答えられたそうですが……。

石井 (笑)。当たり前の話なんですけどね。

――名言だと思います。石井さん自身は、70歳を迎えたときに誰かから同じ質問をされたら、なんと答えると思いますか。

石井 同じように、答えるんじゃないですか。「わかんねえよ」って(笑)。俺が好きでなったわけじゃねえからって。

――(笑)。なりたくてなったわけじゃない、と。

石井 そうそう! いま、おふくろについて話したことというのは、〝本〟についての話だったと思うんです。言い換えると、おふくろは俺に〝本〟について教えてくれたということですよね。その一方で、おやじは俺に〝日〟を教えてくれたんですよ。日を当ててもらってるということ、光を当ててもらってるということがどんなに尊いかということを、おやじは教えてくれたような気がします。しかも、それを直接的に言うんじゃなくて、「お前が使ってる赤はきれいだなあ」とか「お前の空の描き方、お父さんは好きだなあ」とか、そういうことを言ってくれるおやじだったんですよ。俺としては、「そんなこともないけどな」とか言いながら(笑)、内心はすごくうれしいわけですよね。

――日が当たっている風景を描いて、それが「好きだ」と言われたら、自然とそういうものを描くし、そういうものを見るようになりますよ。

石井 俺が自殺を考えたときも、おやじはわかってたんでしょうね。おやじから、電話がかかってくるんですよ。おやじからかかってくるなんてホントないことで、俺からは忙しくて1年くらい電話しない時期もありましたから。ホント、信じられないようなタイミングで電話がかかってきたんです。その時期、俺は顔のない絵ばかり描いてたんですよね。

――無意識のうちに?

石井 そう。そういう絵しか描けなかったんです。おやじはずうっと、俺の絵は気にしてたんですね。「どんな絵、描いてんだ?」って。で、折に触れて見せてたんですけど、その頃に描いてた顔のない絵については、おやじは良いとも悪いとも言わないんですよ。で、その自殺を考えてる時期にかかってきた電話で言ったのが、「お前は作品を残してきたじゃないか。お前がこれまで残してきた歌やステージで、何人の人が笑ってくれて、人生を楽しめたと思う?」って。でも俺は何も言えないでいると、「それはもう、お金に代えられないだろう。お金なんてものは、全然心のないものなんだよ。そんなもののことを考えて、お前はこれまでやってきたのか」って。それが、俺には本当に目から鱗《うろこ》だったんですよ。そこまで我慢してた涙がボロボロ出てきて……。いろんな間違いを、そこまでに重ねてきたすべての間違いをそこで指摘された気がしたんですよね。

——そこまでのすべてについて、言われたような気がしたんですか。

石井　あのときにおやじが言ってくれたことの意味というのは、「お前は陰の中にいる」ということだったと思うんです。お前は今、自分から陰に向かって行ってるって。「光を見なさい」と言われてるような気が俺はしたんです。俺が描く太陽の絵ってね、けっこうおやじの顔に似てたりするんですよ(笑)。だから、俺にとってのおやじはお日様だったというか、そうじゃないにしても、お日様に向かうことを導いてくれた人ですよね。というのが、俺はどっちかと言うと、昏《くら》い少年だったたと思うんですよ。

——以前、押し入れに入ってるのが好きだったという話をされていましたね。

石井　ちょっと変わってる子だったから……、というかおやじも「変わってる子どもだな」と思ってただろうから、この子をどうやったら普通に育てていけるんだろう?　ということはすごく考えてたと思うんです。そこでおやじが俺に言ってくれたのは「光を見なさい」ということだったんだろうな、と。光が当たってるほうを見なさいということを、さりげなく教えてくれていたような気がするんです。だから、米米CLUBの連中もみんな本当に明るいヤツらだし。考え方はどこかひん曲がってるところはあるかもしれないけど(笑)、性格的にはみんな穏やかな人ばかりなんですよ。逆に言えば、そういう人たちとしか、俺は一緒にはやれなかったんだろうと思うんです。バンドを始める頃、他にも誘われてたんですよね。当時はデュラン・デュランとかはやってましたから、カッコいいヤツばかり集めてやろうぜって。

——そういうバンドが、たくさんありました。

石井　そんなことで良いバンドができるわけがないんですけどね(笑)。そんななかで米米に集まってきた連中はデコボコなヤツらだったけど、気持ちは本当に信じられないくらいいいヤツらだし、信じられないくらい俺をサポートしてくれましたよ。だから、再結成するときも、ＲＹＯ－Ｊや（ジョプリン）得能とも一緒にやりたかったんです。ＲＹＯ－Ｊなんて耳をだいぶ悪くしちゃってるし、ドラムをたたくのが難しかったら打ち込みでもいいと思ってたんです。アイツがいてくれたらいい、と俺は思ってたから。そういう仲間なんですよね。

――米米って、「皮肉な見方をするよねえ」みたいな展開や表現はあっても、ライブを通して見て会場を出るときにはなんだか明るい気持ちになってたりしますよね。

石井　これを言うとスッキリする、という言葉があるじゃないですか。例えば、皮肉たっぷりな調子で「今の日本って、サイコーだよね」と言ってしまうと、今の日本に鬱屈《うっくつ》してる人たちも逆にスッキリするってことがあるでしょ。そういうことをやってるのが米米なんだと思うんです。日が当たってるところを見せながら、陰もしっかり感じさせるっていう。「長い影がこっちに伸びてるよ」ということを見せるのが米米なんですよ。

――確かに、その通りだと思います。

石井　だから生き延びてるんだと思うんです。決して明るいことばかり言ってるわけじゃない。そのアイロニカルな部分というのは、とても大切にしているし、メンバーのみんなもガキの時代に始めたバンドじゃないから、男女の「滑った、転んだ」もよくわかってるし、この社会のいびつな部分も、人間のもろさもよく承知してバンドをやってきた連中ですよね。時々は、マネジメントを困らせることもあるけど（笑）、それさえもちゃんとわかってやってるようなところがありますよ。だから、メンバーの誰かを面白おかしく言うことはあっても、その人を懲らしめるようなことは絶対にしないし、むしろ真面目に考え過ぎるから、「もうちょっと楽に考えたほうがいいよ」なんて話をすることもあるし。というか、そういうことが言い合えるのも日が当たってるからだと思うんですよね。で、いま振り返って思うのは、そういうことの根本をおやじが教えてくれたんだと思うんですよね。日が当たってさえいれば、それは嫌みや皮肉にはならないよって。

――お父さんからの具体的な恩恵として、知らない間にジャズのいい部分を石井さんの体に染み込ませてくれていたとか……。

石井　そうですよね。

――あるいは、集団でことを運ぶ場合に、肝になるところだけ押さえておけば、あとはみんなが気持ちよくやれるような雰囲気を作る進め方もお父さんからの影響があるわけですよね。

石井　なんかちょっと、いい加減なところもあったみたいなんですよ（笑）。だけど、おやじが女遊びをしてたなんて話は一度も聞いたことがないし、おふくろもそんな苦労は一切していないと思うんです。おじいちゃんは、いろいろあったみたいですけど（笑）。

――（笑）。

石井　俺は、おじいちゃんの血を引き継いでるんだと思うんですけど、おやじは本当に家族を大切にしてくれたし、教育もすごく熱心だったし。毎月のように、俺を上野の美術館に連れて行ってくれたりして、そういう細やかなところから大きなところというか全体を見通すような視点を持たせてくれましたよね。音楽に関しても、ジャズがどうとか演歌がどうとか言うよりも、本物をしっかり聴かせてくれてたんですよ。おやじは、尾崎紀世彦さんとか布施明さんとか、ああいう本物の歌が歌える人が大好きで、そういうものだけを俺に聴かせてくれたんです。「小椋佳さんの歌詞はいいから読んだほうがいいよ」とかね。それと、俺はおやじから「絵を好きになりなさい」と言われたことは一切ないんですよ。「絵を描きなさい」「もっとやりなさい」みたいなことをおやじが言ったことは一度もないんですよ。ただ、物心ついた頃には家に『世界の名画』みたいな全集がそろえてあったんですよね。

――それを、石井さんは自分で見てたんですか。

石井　自分で勝手に見て、〝変な絵だな〟とか〝これ、子どもの絵みたいだな〟とか思って。最初はそんな感じで絵だけ見てたのが、だんだん字も読めるようになってくると、〝バウハウスっていう動きがあったんだ〟とか〝えっ、ミロもダダイズムだったんだ!?〟とか、だんだん系統立てて理解するようになっていって、知らないうちに美術史が頭の中に入ってたんですよ。ただ、そうするとどうしても外国の絵が中心になっていくから、おやじはそれにプラスして岡倉天心とか横山大観に関する話を聞かせてくれたりしたわけです。

――当時の政府の文化政策と対立した岡倉天心が東京美術学校の校長の職を追われた後、活動の拠点を置いたのが石井さんの地元、北茨城の五浦《いづら》だったわけですよね。

石井　明治になって、新しく始まった政府には前の時代なら侍とも呼べないような身分の、文化的な教育を受けていない人もいて、そういう連中が価値もわからずダメにしちゃったりすることもあったようですね。そういうことを聞くにつけ、文化を守るということも命がけだったりすることがあるし、一方で間違ったことが行われた事実もちゃんと後世に伝えていかないといけないと思うんです。文化を変えていくという志というか考え方を持つということはとても大切なことで、そういう意識から自由が広がっていくんだろうし。

——従来の常識を自由な発想で変えていくというのは、まさに米米がやってきたことですよね。

石井　そうかもしれないですね。そうした俺たちがやってきたことが無駄にならないようにするには、後輩たちをどんなふうに盛り上げればいいんだろう？　ということも考えるし。その一方で、例えば「クレイジーキャッツっていたよねえ」と言われるように、「米米CLUBっていたよね」と言われるようになるにはどうしたらいいのかな、なんてことも最近ちょっとBONと話したりするんですよね。とりあえず、少しでも米米の匂いがするバンド、例えば氣志團が「フェスに出てください」と言ってきたら、喜んで出ていくし、ゴールデンボンバーもがんばってほしいなと思って見てるし。米米CLUBというバンドにリスペクトを感じてくれているバンドは、こちらも100％応援しようという体勢でいます。

——最後に、GROUND ANGELについても聞かせてください。あの取り組みは、形は変わることはもしかしたらあるかもしれないですが、それにしても続いていくと思うんですが……。

石井　3月に、EARTH MINDというコンサートをやったんですが、あれも本当は、GROUND ANGELというタイトルにしたいなという気持ちがあったんです。ただ、あの当時は若いミュージシャンたち、特にクラシック系のミュージシャンたちの展望がまったく開けない状況だったんですよね。だから、とにかく演奏の現場をつくろうということであいうコンサートをやったわけです。本当にミュージシャンエイドに近かったんですけど、次にやるときにはGROUND ANGELという名前を冠にして、医療システムの現場にいる人たちに向かってやりたいなと思ってるんですよ。

——音楽の現場で悪戦苦闘している若いミュージシャンのためにやったように？

石井　そうですね。そういう人たちのために何かできないかなと思って、一生懸命考えているところです。とりあえず、テーマはEARTH MINDにしたいなと思ってて、というのもこの問題は地球全体がとらわれてる問題ですから。どこの国でも、医療の現場でがんばってる人たちは並大抵の精神力ではやっていけない状況だと思うんです。そういうことをちょっと立ち止まって考える、思いやる機会をGROUND ANGELを通してつくれるといいなと思っています。医療現場の人たちに直接何かを届けるというようなことができなくても、「みなさんがやられていることの大変さ、素晴らしさはみんなよく感じてますよ」ということを発信するだけでも意味があると思うんですよね。

――楽しみです。今日は、ありがとうございました。

現在のこの国のように出口を見いだせない状況が続くと、ついつい物事の昏い面ばかり見たり、あるいは「どうでもいいや！」と乱暴な心持ちになってしまったりしがちだけれど、そういうときにムーミンパパみたいな人から「光を見なさい」と穏やかに諭されると、きっと気持ちのいちばん深いところにその言葉が入っていくんだろうなと思う。

気持ちのいちばん深いところに大事な言葉を刻んだ石井は、ムーミンパパとは似ても似つかない派手ないでたちで、あるいは胡散臭い振る舞いで、われわれに光を届けてくれる。「未来はどんどんやって来るんだから」と言いながら、当の本人は休むことなく未来に向けて駆け出していくのだから面白い。石井の落語好きはファンのよく知るところだけれど、彼自身が落語の登場人物のようだ。

「そういう性分に生まれちまったんだから、しょうがねえだろ！」

そんなセリフを吐いて、彼はじつに面白そうに笑うんだろう。

本日も、石井竜也は絶好調である。

本日《ほんじつ》の日本《にほん》

2021年9月20日 初版発行

著　者　　石井竜也《いしいたつや》

発行人　　木本敬巳

編　集　　望月展子

販　売　　野々村晃子／野路学
製　作　　杉野明日香
発行・発売　ぴあ株式会社

〒150-0011
東京都渋谷区東1-2-20
渋谷ファーストタワー
03-5774-5248（販売）
03-5774-5262（編集）

印刷・製本　中央精版印刷株式会社

STAFF
取材・文　：兼田達矢
デザイン　：市原シゲユキ（SUPER MIX）
編集協力　：黒澤香織
校　閲　：（株）ヴェリタ

※本書は、TOKYO FMのスマホ音楽サイト
「MUSIC VILLAGE」で配信している
メールマガジン「週刊石井竜也」の
2011年から2020年の内容を中心に再構成し、
最新インタビューや写真などを加えて
まとめたものです。

乱丁・落丁はお取替えいたします。
本書の無断複製・転載・引用は禁じます。

©WELL STONE VOICE
©2011-2021 TOKYO FM Broadcasting Co., Ltd.
©ぴあ株式会社　2021 Printed in Japan
ISBN 978-4-8356-4633-6